First published in Great Britain 1987
by HARRAP BOOKS Ltd
19–23 Ludgate Hill London EC4M 7PD

© *Harrap Books Ltd* 1987

Reprinted 1988 (twice), 1989

ISBN 0-245-54581-6

Printed in Great Britain by
Richard Clay Ltd, Bungay, Suffolk

CONTENTS

THE MAIN VERB CATEGORIES

There are three main conjugations in French, distinguished by the ending of their infinitive:

A. verbs in -ER
B. verbs in -IR
C. verbs in -RE

A. FIRST CONJUGATION: VERBS IN -ER

Most of these follow the pattern of **chanter** ('to sing'), which is given in full in table 31. But see below **D.** for standard irregularities.

B. SECOND CONJUGATION: VERBS IN -IR

Most of these follow the pattern of **finir** ('to finish'), which is given in full in table 92.

C. THIRD CONJUGATION: VERBS IN -RE

These follow several different patterns, to which the INDEX will refer you.

D. STANDARD IRREGULARITIES OF THE FIRST CONJUGATION

1. *Verbs in -cer*

   These require a cedilla under the c before an **a** or an **o** to preserve the soft sound of the c. The model for these verbs is **commencer** ('to begin'), given in full in table 34. For example:

   > **je commence** *but* **nous commençons**
   > **nous commencions** *but* **je commençais**

2. *Verbs in -ger*

   These require an **e** after the g before an **a** or an **o** to preserve the soft sound of the g. The model for these verbs is **manger** ('to eat'), given in full in table 116. For example:

   > **je mange** *but* **nous mangeons**
   > **nous mangions** *but* **je mangeais**

3. *Verbs in -eler*

   Some of these double the **l** before a silent **e** (changing **-el-** to **-ell-**). The model for these verbs is **appeler** ('to call'), given in full in table 14. For example:

   > **j'appelle** *but* **vous appelez**
   > **il appellera** *but* **il appela**

   Others change **-el-** to **-èl-** before a silent **e**. The model for these verbs is **peler** ('to peel'), given in full in table 142. For example:

   > **je pèle** *but* **je pelai**
   > **il pèlera** *but* **il pelait**

   By consulting the INDEX you can find out which pattern a particular verb follows.

4. *Verbs in -eter*

   Some of these double the **t** before a silent **e** (changing **-et-** to **-ett-**). The model for these verbs is **jeter** ('to throw'), given in full in table 108. For example:

   > **je jette** *but* **je jetais**
   > **il jettera** *but* **il jeta**

   Others change **-et-** to **-èt-** before a silent **e**. The model for these verbs is **acheter** ('to buy'), given in full in table 3. For example:

j'**achète** *but* j'**achetai**
vous **achèterez** *but* vous **achetiez**

By consulting the INDEX you can find out which pattern a particular verb follows.

5. *Verbs in e + consonant + er,* namely **-ecer**, **-emer**, **-ener**, **-eser** and **-ever**, as well as **-evrer**, follow the general pattern of **acheter** and **peler**, changing their **-e-** to **-è-** before a silent **e**. Individual models for these verbs are given in the tables: **dépecer** (58), **semer** (185), **mener** (119), **peser** (146), **élever** (73), **sevrer** (190). For example:

   je **pèse** *but* je **pesais**
   nous **mènerons** *but* nous **menions**

6. *Verbs in é + consonant + er,* namely **-écer**, **-éder**, **-éger**, **-éler**, **-émer**, **-éner**, **-érer**, **-éser** and **-éter**, as well as **-ébrer**, **-écher**, **-écrer**, **-égler**, **-égner**, **-égrer**, **-éguer**, **-équer** and **-étrer**, change the **-é-** to **-è-** before a silent **e** in the present indicative and subjunctive, but not in the future and conditional. Models for these verbs are given in the tables: **rapiécer** (165), **céder** (29), **protéger** (163), **révéler** (178), **écrémer** (71), **réfréner** (167), **préférer** (156), **léser** (114), **compléter** (35), **célébrer** (30), **sécher** (184), **exécrer** (88), **régler** (168), **régner** (169), **intégrer** (104), **léguer** (113), **disséquer** (64), **pénétrer** (143). For example:

   je **préfère** *but* je **préférerai**
   il **célèbre** *but* il **célébrerait**

7. *Verbs in -oyer and -uyer*
   The **y** changes to **i** before a silent **e**. The models for these verbs are **nettoyer** (129) and **ennuyer** (78). For example:

   je **nettoierai** *but* je **nettoyais**
   tu **ennuie** *but* tu **ennuya**

8. NOTE: Verbs in **-ayer** (like **payer**, 140) do not generally change the **y** to **i**, although this spelling also exists.

USE OF TENSES

A. INDICATIVE

1. *PRESENT*

   The present is used to describe a current state of affairs or an action taking place at the time of speaking:

   > **il *travaille* dans un bureau**
   > he *works* in an office

   > **ne le dérangez pas, il *travaille***
   > don't disturb him, he *is working*

   It can also be used to express the immediate future:

   > **je *pars* demain**
   > I'*m leaving* tomorrow

2. *IMPERFECT*

   The imperfect is a past tense used to express what someone was doing or what someone used to do or to describe something in the past. The imperfect refers particularly to something that *continued* over a period of time, as opposed to something that happened at a specific point in time:

   > **il *prenait* un bain quand le téléphone a sonné**
   > he *was having* a bath when the phone rang

   > **je le *voyais* souvent quand il habitait dans le quartier**
   > I *used to see* him often when he lived in this area

   > **elle *portait* une robe bleue**
   > she *was wearing* a blue dress

3. *PERFECT*

   The perfect is a compound past tense, used to express *single* actions which have been completed, ie what someone did or what someone has done/has been doing or something that has happened or has been happening:

   > **je lui *ai écrit* lundi**
   > I *wrote* to him on Monday

j'*ai lu* toute la journée
I'*ve been reading* all day

NOTE: In English, the simple past ('did', 'went', 'prepared') is used to describe both single and repeated actions in the past. In French, the perfect only describes single actions in the past, while repeated actions are expressed with the imperfect. Thus 'I went' should be translated '**j'allais**' or '**je suis allé**' depending on the nature of the action:

après dîner, je *suis allé* en ville
after dinner, I *went* to town

l'an dernier, j'*allais* plus souvent au cinéma
last year, I *went* to the pictures more often

4. *PAST HISTORIC*
This tense is used in the same way as the perfect tense, to describe a single, completed action in the past (what someone did or something that happened). It is a *literary* tense, not used in everyday spoken French. It is mainly found in *written* form as a narrative tense:

le piéton ne *vit* pas arriver la voiture
the pedestrian *didn't see* the car coming

5. *PLUPERFECT*
This compound tense is used to express what someone had done/had been doing or something that had happened or had been happening:

elle était essoufflée parce qu'elle *avait couru*
she was out of breath because she *had been running*

6. *FUTURE*
This tense is used to express what someone will do or will be doing or something that will happen or will be happening:

je *ferai* la vaisselle demain
I'*ll wash up* tomorrow

7. *PAST ANTERIOR*
This tense is used instead of the pluperfect tense to express an action that preceded another action in the past (ie a past in the

past). It is usually introduced by a conjunction of time (translated by 'when', 'as soon as', 'after' etc):

> **il se coucha dès qu'ils _furent partis_**
> he went to bed as soon as they _had left_

8. *FUTURE PERFECT*

This compound tense is used to describe what someone will have done/will have been doing in the future or to describe something that will have happened in the future:

> **appelle-moi quand tu _auras fini_**
> call me when you'_ve finished_

B. IMPERATIVE

The imperative is used to give orders:

mange ta soupe !	eat your soup!
n'aie pas peur !	don't be afraid!
partons !	let's go!
entrez !	come in!

C. CONDITIONAL

1. *CONDITIONAL PRESENT*

This tense is used to describe what someone would do or would be doing or what would happen (if something else were to happen):

> **si j'étais riche, j'_achèterais_ un château**
> if I were rich, I _would buy_ a castle

It is also used in indirect questions or reported speech instead of the future:

> **il ne m'a pas dit s'il _viendrait_**
> he didn't tell me whether he _would come_

2. *PAST CONDITIONAL*

This tense is used to express what someone would have done or would have been doing or what would have happened:

> **si j'avais su, j'_aurais apporté_ du pain**
> if I had known, I _would have brought_ some bread

D. SUBJUNCTIVE

The subjunctive is used to express doubts, wishes, necessity etc. It appears only in subordinate clauses and is introduced by the conjunction *que*.

1. *PRESENT SUBJUNCTIVE*

   il veut que je *parte*
   he wants me *to go away*

   il faut que tu *restes* ici
   you have *to stay* here

2. *IMPERFECT SUBJUNCTIVE*
   The imperfect subjunctive, used in past subordinate clauses, is very rare in conversation and is mainly found in literature or in texts of a formal nature

   je craignais qu'il ne *se fachât*
   I was afraid that he *would get angry*

3. *PERFECT SUBJUNCTIVE*
   The past subjunctive is used when the action expressed in the subordinate clause happens before another action:

   je veux que tu *aies terminé* quand je reviendrai
   I want you to *be finished* when I come back

E. INFINITIVE

1. *PRESENT INFINITIVE*
   This is the basic form of the verb. It is recognized by its ending, which is found in three forms corresponding to the three conjugations: -er, -ir, -re.
   These endings give the verb the meaning 'to ...':

acheter	to buy
choisir	to choose
vendre	to sell

2. *PAST INFINITIVE*
   The past infinitive is used instead of the present infinitive when the action expressed by the infinitive happens before the main

action or before what is referred to by the main verb:

> **je regrette d'*avoir menti***
> I'm sorry I *lied* (for *having lied*)

F.   PARTICIPLE

1. *PRESENT PARTICIPLE*

   This corresponds to the English participle in *-ing* ('eating'), but is less commonly used (French prefers constructions with the infinitive):

   > **en marchant**
   > while walking

2. *PAST PARTICIPLE*

   This translates the English past participle ('eaten', 'arrived') and is used to form all the compound tenses:

   > **un pneu *crevé***
   > a *burst* tyre

   > **j'ai trop *mangé***
   > I've *eaten* too much

   For rules governing the agreement of the past participle, see pages xv-xvi.

THE AUXILIARIES 'ETRE' AND 'AVOIR' IN COMPOUND TENSES

Compound tenses of verbs — such as the past historic, the pluperfect etc — are formed by using the appropriate form of the auxiliary verbs 'avoir' or 'être' and the past participle of the main verb:

> **il a perdu**
> he lost

> **je suis parti**
> I left

AUXILIARY 'AVOIR' OR 'ETRE'?

1. *'AVOIR'* is used to form the compound tenses of most verbs.

2. *'ETRE'* is used to form the compound tenses of:

a. reflexive verbs:

> **je me *suis* baigné**
> I had a bath

> **ils se *sont* rencontrés à Paris**
> they met in Paris

b. the following verbs (mainly verbs of motion):

aller	to go
arriver	to arrive
descendre	to go/come down
devenir	to become
entrer	to go/come in
monter	to go/come up
mourir	to die
naître	to be born
partir	to go away
passer	to pass, to go through
rentrer	to go in/home

rester	to stay
retourner	to go back
sortir	to go/come out
tomber	to fall
venir	to come

and most of their compounds (eg **repartir**, **survenir** etc).
Some of these verbs can be used transitively, ie with a direct
object (taking on a different meaning). They are then
conjugated with '**avoir**':

> **il *est* sorti par la fenêtre**
> he went out through the window

but

> **il *a* sorti un mouchoir de sa poche**
> he took a handkerchief from his pocket

> **elle *est* retournée en France**
> she's gone back to France

but

> **elle *a* retourné la lettre à l'expéditeur**
> she returned the letter to the sender

In the INDEX, verbs are always cross-referenced to a verb
taking the same auxiliary, unless otherwise stated in a footnote.

AGREEMENT OF THE PAST PARTICIPLE

A. USE AS AN ADJECTIVE

When it is used as an adjective, the past participle always agrees with the noun or pronoun it refers to:

> une pomme *pourrie*
> a rotten apple

> ils étaient *fatigués*
> they were tired

B. IN COMPOUND TENSES

1. *WITH THE AUXILIARY 'AVOIR'*
    With the auxiliary '**avoir**' the past participle does not normally change:

    > elles ont *mangé* des frites
    > they ate some chips

    The past participle only agrees in number and gender with the direct object when the direct object comes *before* the participle, ie in the following cases:

a. *in a clause introduced by the relative pronoun 'que'*

   > la valise qu'il a *perdue*
   > the suitcase he lost

b. *with a direct object pronoun*

   > ta lettre ? je l'ai *reçue* hier
   > your letter? I got it yesterday

c. *in a clause introduced by* '**combien de**', '**quel**', '**quelle**' *etc, or* '**lequel**', '**laquelle**' *etc:*

   > combien de pays as-tu *visités?*
   > how many countries did you visit?

2. WITH THE AUXILIARY 'ETRE'
   In the following cases the past participle agrees with the subject
   of the verb:

a. *ordinary verbs with* '**être**'

   elle était déjà *partie*
   she had already left

b. *the passive*

   les voleurs ont été *arrêtés*
   the thieves have been arrested

c. *reflexive verbs*
   The past participle of reflexive verbs agrees with the subject of
   the verb:

   Marie s'est *endormie*
   Marie fell asleep

   ils se sont *disputés*
   they had an argument

BUT when the reflexive pronoun is an *indirect object*, the past
       participle does not agree with the subject of the verb:

   elles se sont *écrit*
   they wrote to each other

   This is also the case where parts of the body are mentioned:

   elle s'est *lavé* les cheveux
   she washed her hair

THE PASSIVE

The passive is used when the subject of the verb does not perform the action, but is subjected to it, eg:

> the house *has been sold*
>
> he *was made* redundant

Passive tenses are formed with the corresponding tense of the verb '**être**' ('to be', as in English), followed by the past participle of the verb:

> **j'ai été invité**
> I was invited

The past participle must agree with its subject:

> **elle a été renvoyée**
> she has been dismissed

The passive is far less common in French than in English. It is often replaced by other constructions:

> **on *m'a volé* mon portefeuille**
> my wallet has been stolen
>
> **mon correspondant *m'a invité***
> I've been invited by my penfriend
>
> **elle *s'appelle* Anne**
> she is called Anne
>
> **il *s'est fait renverser* par une voiture**
> he was run over by a car

In the following verb table we give one model verb, '**être aimé**', in the passive voice. Other verbs follow the same pattern.

ETRE AIME
to be loved

PRESENT	**IMPERFECT**	**FUTURE**
je suis aimé(e)	j'étais aimé(e)	je serai aimé(e)
tu es aimé(e)	tu étais aimé(e)	tu seras aimé(e)
il (elle) est aimé(e)	il (elle) était aimé(e)	il (elle) sera aimé(e)
nous sommes aimé(e)s	nous étions aimé(e)s	nous serons aimé(e)s
vous êtes aimé(e)(s)	vous étiez aimé(e)(s)	vous serez aimé(e)(s)
ils (elles) sont aimé(e)s	ils (elles) étaient aimé(e)s	ils (elles) seront aimé(e)s

PAST HISTORIC	**PERFECT**	**PLUPERFECT**
je fus aimé(e)	j'ai été aimé(e)	j'avais été aimé(e)
tu fus aimé(e)	tu as été aimé(e)	tu avais été aimé(e)
il (elle) fut aimé(e)	il (elle) a été aimé(e)	il (elle) avait été aimé(e)
nous fûmes aimé(e)s	nous avons été aimé(e)s	nous avions été aimé(e)s
vous fûtes aimé(e)(s)	vous avez été aimé(e)(s)	vous aviez été aimé(e)(s)
ils (elles) furent aimé(e)s	ils (elles) ont été aimé(e)s	ils (elles) avaient été aimé(e)s

PAST ANTERIOR	**FUTURE PERFECT**
j'eus été aimé(e) etc	j'aurai été aimé(e) etc

IMPERATIVE	*CONDITIONAL*	
	PRESENT	**PAST**
sois aimé(e)	je serais aimé(e)	j'aurais été aimé(e)
soyons aimé(e)s	tu serais aimé(e)	tu aurais été aimé(e)
soyez aimé(e)(s)	il (elle) serait aimé(e)	il (elle) aurait été aimé(e)
	nous serions aimé(e)s	nous aurions été aimé(e)s
	vous seriez aimé(e)(s)	vous auriez été aimé(e)(s)
	ils (elles) seraient aimé(e)s	ils (elles) auraient été aimé(e)s

SUBJUNCTIVE

PRESENT	**IMPERFECT**	**PERFECT**
je sois aimé(e)	je fusse aimé(e)	j'aie été aimé(e)
tu sois aimé(e)	tu fusses aimé(e)	tu aies été aimé(e)
il (elle) soit aimé(e)	il (elle) fût aimé(e)	il (elle) ait été aimé(e)
nous soyons aimé(e)s	nous fussions aimé(e)s	nous ayons été aimé(e)s
vous soyez aimé(e)(s)	vous fussiez aimé(e)(s)	vous ayez été aimé(e)(s)
ils (elles) soient aimé(e)s	ils (elles) fussent aimé(e)s	ils (elles) aient été aimé(e)s

INFINITIVE	*PARTICIPLE*
PRESENT	**PRESENT**
être aimé(e)(s)	étant aimé(e)(s)
PAST	**PAST**
avoir été aimé(e)(s)	été aimé(e)(s)

DEFECTIVE VERBS

Defective verbs are verbs that are not used in all tenses or persons.
Most of them are no longer commonly used, or are used only in a
few set expressions. However, since their conjugation follows
irregular patterns, we have given a selection of these verbs in the
following tables:

211	accroire
5	advenir
211	apparoir
66	braire *(note)*
32	choir
33	clore
52	déchoir
69	échoir
70	éclore
75	enclore
79	s'ensuivre
89	faillir
91	falloir
94	foutre
95	frire
98	gésir
109	oindre *(note)*
211	ouïr
135	paître
151	poindre
164	puer
170	renaître
182	saillir
187	seoir
66	traire *(note)*

VERB CONSTRUCTIONS WITH THE INFINITIVE

The following verbs can all be used in infinitive constructions. The infinitive will be used either (1) without a preposition at all or (2) with the preposition '**à**' or (3) with the preposition '**de**' (Note that many of these verbs can also take other constructions, eg a direct object or '**que**' with the subjunctive).

1. *VERBS FOLLOWED BY AN INFINITIVE WITHOUT A LINKING PREPOSITION*

adorer	to love (doing)
aimer	to like (doing)
aimer mieux	to prefer (to do)
aller	to go (and do)
compter	to expect (to do)
daigner	to deign (to do)
descendre	to go down (and do)
désirer	to wish (to do)
détester	to hate (to do)
devoir	to have to (do)
écouter	to listen (to someone doing)
entendre	to hear (someone doing)
entrer	to go in (and do)
envoyer	to send (to do)
espérer	to hope (to do)
faillir	'to nearly' (do)
faire	to make (do)
falloir	to have to (do)
laisser	to let (do)
monter	to go up (and do)
oser	to dare (to do)
paraître	to seem (to do)
pouvoir	to be able to (do)
préférer	to prefer (to do)
regarder	to watch (someone do)
rentrer	to go in (and do)
savoir	to be able to (do)

sembler	to seem (to do)
sortir	to go out (and do)
souhaiter	to wish (to do)
valoir mieux	to be better (doing)
venir	to come (and do)
voir	to see (someone doing)
vouloir	to want (to do)

2. *VERBS FOLLOWED BY AN INFINITIVE WITH THE LINKING PREPOSITION* à:

s'accoutumer à	to get used to (doing)
aider à	to help (to do)
s'amuser à	to play at (doing)
apprendre à	to learn (to do)
s'apprêter à	to get ready (to do)
arriver à	to manage (to do)
s'attendre à	to expect (to do)
autoriser à	to allow (to do)
chercher à	to try (to do)
commencer à	to start (doing)
consentir à	to agree (to do)
consister à	to consist in (doing)
continuer à	to continue (to do)
se décider à	to make up one's mind (to do)
encourager à	to encourage (to do)
s'engager à	to undertake (to do)
enseigner à	to teach how (to do)
s'évertuer à	to try hard (to do)
forcer à	to force (to do)
s'habituer à	to get used (to doing)
hésiter à	to hesitate (to do)
inciter à	to prompt (to do)
s'intéresser à	to be interested in (doing)
inviter à	to invite (to do)
se mettre à	to start (doing)
obliger à	to force (to do)
s'obstiner à	to persist (in doing)
parvenir à	to succeed in (doing)
passer son temps à	to spend one's time (doing)
perdre son temps à	to waste one's time (doing)
persister à	to persist (in doing)

pousser à	to urge (to do)
se préparer à	to get ready (to do)
renoncer à	to give up (doing)
rester à	to be left (to do)
réussir à	to succeed in (doing)
servir à	to be used for (doing)
songer à	to think of (doing)
tarder à	to delay (doing)
tenir à	to be keen (to do)

3. *VERBS FOLLOWED BY AN INFINITIVE WITH THE LINKING PREPOSITION* **de:**

accepter de	to agree (to do)
accuser de	to accuse of (doing)
achever de	to finish (doing)
s'arrêter de	to stop (doing)
avoir besoin de	to need (to do)
avoir envie de	to feel like (doing)
avoir peur de	to be afraid (to do)
cesser de	to stop (doing)
se charger de	to undertake (to do)
commander de	to order (to do)
conseiller de	to advise (to do)
se contenter de	to make do with (doing)
continuer de	to continue (to do)
craindre de	to be afraid (to do)
décider de	to decide (to do)
déconseiller de	to advise against (doing)
défendre de	to forbid (to do)
demander de	to ask (to do)
se dépêcher de	to hurry (to do)
dire de	to tell (to do)
dissuader de	to dissuade from (doing)
s'efforcer de	to try (to do)
empêcher de	to prevent (from doing)
s'empresser de	to hasten (to do)
entreprendre de	to undertake (to do)
envisager de	to intend (to do)
essayer de	to try (to do)
s'étonner de	to be surprised (at doing)
éviter de	to avoid (doing)

s'excuser de	to apologize for (doing)
faire semblant de	to pretend (to do)
feindre de	to pretend (to do)
finir de	to finish (doing)
se garder de	to be careful not to (do)
se hâter de	to hasten (to do)
interdire de	to forbid (to do)
jurer de	to swear (to do)
manquer de	'to nearly' do
menacer de	to threaten (to do)
mériter de	to deserve (to do)
négliger de	to fail (to do)
s'occuper de	to undertake (to do)
offrir de	to offer (to do)
omettre de	to omit (to do)
ordonner de	to order (to do)
oublier de	to forget (to do)
permettre de	to allow (to do)
persuader de	to persuade (to do)
prier de	to ask (to do)
promettre de	to promise (to do)
proposer de	to offer (to do)
recommander de	to recommend (to do)
refuser de	to refuse (to do)
regretter de	to be sorry (to do)
remercier de	to thank for (doing)
résoudre de	to resolve (to do)
se retenir de	to restrain oneself (from doing)
risquer de	to risk (doing)
se souvenir de	to remember (doing)
suggérer de	to suggest (doing)
supplier de	to implore (to do)
tâcher de	to try (to do)
tenter de	to try (to do)
venir de	'to have just' (done)

VERB TABLES

ACCROÎTRE
to increase

PRESENT	IMPERFECT	FUTURE
j'accrois	j'accroissais	j'accroîtrai
tu accrois	tu accroissais	tu accroîtras
il accroît	il accroissait	il accroîtra
nous accroissons	nous accroissions	nous accroîtrons
vous accroissez	vous accroissiez	vous accroîtrez
ils accroissent	ils accroissaient	ils accroîtront

PAST HISTORIC	PERFECT	PLUPERFECT
j'accrus	j'ai accru	j'avais accru
tu accrus	tu as accru	tu avais accru
il accrut	il a accru	il avait accru
nous accrûmes	nous avons accru	nous avions accru
vous accrûtes	vous avez accru	vous aviez accru
ils accrurent	ils ont accru	ils avaient accru

PAST ANTERIOR	FUTURE PERFECT
j'eus accru etc	j'aurai accru etc

IMPERATIVE	*CONDITIONAL*	
	PRESENT	**PAST**
accrois	j'accroîtrais	j'aurais accru
accroissons	tu accroîtrais	tu aurais accru
accroissez	il accroîtrait	il aurait accru
	nous accroîtrions	nous aurions accru
	vous accroîtriez	vous auriez accru
	ils accroîtraient	ils auraient accru

SUBJUNCTIVE

PRESENT	IMPERFECT	PERFECT
j'accroisse	j'accrusse	j'aie accru
tu accroisses	tu accrusses	tu aies accru
il accroisse	il accrût	il ait accru
nous accroissions	nous accrussions	nous ayons accru
vous accroissiez	vous accrussiez	vous ayez accru
ils accroissent	ils accrussent	ils aient accru

INFINITIVE	*PARTICIPLE*
PRESENT	**PRESENT**
accroître	accroissant
PAST	**PAST**
avoir accru	accru

ACCUEILLIR
to welcome

PRESENT
j'accueille
tu accueilles
il accueille
nous accueillons
vous accueillez
ils accueillent

IMPERFECT
j'accueillais
tu accueillais
il accueillait
nous accueillions
vous accueilliez
ils accueillaient

FUTURE
j'accueillerai
tu accueilleras
il accueillera
nous accueillerons
vous accueillerez
ils accueilleront

PAST HISTORIC
j'accueillis
tu accueillis
il accueillit
nous accueillîmes
vous accueillîtes
ils accueillirent

PERFECT
j'ai accueilli
tu as accueilli
il a accueilli
nous avons accueilli
vous avez accueilli
ils ont accueilli

PLUPERFECT
j'avais accueilli
tu avais accueilli
il avait accueilli
nous avions accueilli
vous aviez accueilli
ils avaient accueilli

PAST ANTERIOR
j'eus accueilli etc

FUTURE PERFECT
j'aurai accueilli etc

IMPERATIVE

accueille
accueillons
accueillez

CONDITIONAL
PRESENT
j'accueillerais
tu accueillerais
il accueillerait
nous accueillerions
vous accueilleriez
ils accueilleraient

PAST
j'aurais accueilli
tu aurais accueilli
il aurait accueilli
nous aurions accueilli
vous auriez accueilli
ils auraient accueilli

SUBJUNCTIVE
PRESENT
j'accueille
tu accueilles
il accueille
nous accueillions
vous accueilliez
ils accueillent

IMPERFECT
j'accueillisse
tu accueillisses
il accueillît
nous accueillissions
vous accueillissiez
ils accueillissent

PERFECT
j'aie accueilli
tu aies accueilli
il ait accueilli
nous ayons accueilli
vous ayez accueilli
ils aient accueilli

INFINITIVE
PRESENT
accueillir

PAST
avoir accueilli

PARTICIPLE
PRESENT
accueillant

PAST
accueilli

3 ACHETER
to buy

PRESENT
j'achète
tu achètes
il achète
nous achetons
vous achetez
ils achètent

IMPERFECT
j'achetais
tu achetais
il achetait
nous achetions
vous achetiez
ils achetaient

FUTURE
j'achèterai
tu achèteras
il achètera
nous achèterons
vous achèterez
ils achèteront

PAST HISTORIC
j'achetai
tu achetas
il acheta
nous achetâmes
vous achetâtes
ils achetèrent

PERFECT
j'ai acheté
tu as acheté
il a acheté
nous avons acheté
vous avez acheté
ils ont acheté

PLUPERFECT
j'avais acheté
tu avais acheté
il avait acheté
nous avions acheté
vous aviez acheté
ils avaient acheté

PAST ANTERIOR
j'eus acheté etc

FUTURE PERFECT
j'aurai acheté etc

IMPERATIVE

achète
achetons
achetez

CONDITIONAL

PRESENT
j'achèterais
tu achèterais
il achèterait
nous achèterions
vous achèteriez
ils achèteraient

PAST
j'aurais acheté
tu aurais acheté
il aurait acheté
nous aurions acheté
vous auriez acheté
ils auraient acheté

SUBJUNCTIVE

PRESENT
j'achète
tu achètes
il achète
nous achetions
vous achetiez
ils achètent

IMPERFECT
j'achetasse
tu achetasses
il achetât
nous achetassions
vous achetassiez
ils achetassent

PERFECT
j'aie acheté
tu aies acheté
il ait acheté
nous ayons acheté
vous ayez acheté
ils aient acheté

INFINITIVE

PRESENT
acheter

PAST
avoir acheté

PARTICIPLE

PRESENT
achetant

PAST
acheté

ACQUERIR
to acquire

PRESENT	IMPERFECT	FUTURE
j'acquiers	j'acquérais	j'acquerrai
tu acquiers	tu acquérais	tu acquerras
il acquiert	il acquérait	il acquerra
nous acquérons	nous acquérions	nous acquerrons
vous acquérez	vous acquériez	vous acquerrez
ils acquièrent	ils acquéraient	ils acquerront

PAST HISTORIC	PERFECT	PLUPERFECT
j'acquis	j'ai acquis	j'avais acquis
tu acquis	tu as acquis	tu avais acquis
il acquit	il a acquis	il avait acquis
nous acquîmes	nous avons acquis	nous avions acquis
vous acquîtes	vous avez acquis	vous aviez acquis
ils acquirent	ils ont acquis	ils avaient acquis

PAST ANTERIOR	FUTURE PERFECT
j'eus acquis etc	j'aurai acquis etc

IMPERATIVE	CONDITIONAL	
	PRESENT	PAST
acquiers	j'acquerrais	j'aurais acquis
acquérons	tu acquerrais	tu aurais acquis
acquérez	il acquerrait	il aurait acquis
	nous acquerrions	nous aurions acquis
	vous acquerriez	vous auriez acquis
	ils acquerraient	ils auraient acquis

SUBJUNCTIVE

PRESENT	IMPERFECT	PERFECT
j'acquière	j'acquisse	j'aie acquis
tu acquières	tu acquisses	tu aies acquis
il acquière	il acquît	il ait acquis
nous acquérions	nous acquissions	nous ayons acquis
vous acquériez	vous acquissiez	vous ayez acquis
ils acquièrent	ils acquissent	ils aient acquis

INFINITIVE	PARTICIPLE
PRESENT	PRESENT
acquérir	acquérant
PAST	PAST
avoir acquis	acquis

5 ADVENIR
to happen

PRESENT	IMPERFECT	FUTURE
il advient	il advenait	il adviendra
ils adviennent	ils advenaient	ils adviendront

PAST HISTORIC	PERFECT	PLUPERFECT
il advint	il est advenu	il était advenu
ils advinrent	ils sont advenus	ils étaient advenus

PAST ANTERIOR	FUTURE PERFECT
il fut advenu etc	il sera advenu etc

IMPERATIVE	CONDITIONAL	
	PRESENT	PAST
	il adviendrait	il serait advenu
	ils adviendraient	ils seraient advenus

SUBJUNCTIVE

PRESENT	IMPERFECT	PERFECT
il advienne	il advînt	il soit advenu
ils adviennent	ils advinssent	ils soient advenus

INFINITIVE	PARTICIPLE
PRESENT	PRESENT
advenir	
PAST	PAST
être advenu	advenu

AFFAIBLIR
to weaken

6

PRESENT	IMPERFECT	FUTURE
j'affaiblis	j'affaiblissais	j'affaiblirai
tu affaiblis	tu affaiblissais	tu affaibliras
il affaiblit	il affaiblissait	il affaiblira
nous affaiblissons	nous affaiblissions	nous affaiblirons
vous affaiblissez	vous affaiblissiez	vous affaiblirez
ils affaiblissent	ils affaiblissaient	ils affaibliront

PAST HISTORIC	PERFECT	PLUPERFECT
j'affaiblis	j'ai affaibli	j'avais affaibli
tu affaiblis	tu as affaibli	tu avais affaibli
il affaiblit	il a affaibli	il avait affaibli
nous affaiblîmes	nous avons affaibli	nous avions affaibli
vous affaiblîtes	vous avez affaibli	vous aviez affaibli
ils affaiblirent	ils ont affaibli	ils avaient affaibli

PAST ANTERIOR	FUTURE PERFECT
j'eus affaibli etc	j'aurai affaibli etc

IMPERATIVE	CONDITIONAL	
	PRESENT	PAST
affaiblis	j'affaiblirais	j'aurais affaibli
affaiblissons	tu affaiblirais	tu aurais affaibli
affaiblissez	il affaiblirait	il aurait affaibli
	nous affaiblirions	nous aurions affaibli
	vous affaibliriez	vous auriez affaibli
	ils affaibliraient	ils auraient affaibli

SUBJUNCTIVE

PRESENT	IMPERFECT	PERFECT
j'affaiblisse	j'affaiblisse	j'aie affaibli
tu affaiblisses	tu affaiblisses	tu aies affaibli
il affaiblisse	il affaiblît	il ait affaibli
nous affaiblissions	nous affaiblissions	nous ayons affaibli
vous affaiblissiez	vous affaiblissiez	vous ayez affaibli
ils affaiblissent	ils affaiblissent	ils aient affaibli

INFINITIVE	PARTICIPLE
PRESENT	PRESENT
affaiblir	affaiblissant
PAST	PAST
avoir affaibli	affaibli

7 AGIR
to act

PRESENT	**IMPERFECT**	**FUTURE**
j'agis	j'agissais	j'agirai
tu agis	tu agissais	tu agiras
il agit	il agissait	il agira
nous agissons	nous agissions	nous agirons
vous agissez	vous agissiez	vous agirez
ils agissent	ils agissaient	ils agiront

PAST HISTORIC	**PERFECT**	**PLUPERFECT**
j'agis	j'ai agi	j'avais agi
tu agis	tu as agi	tu avais agi
il agit	il a agi	il avait agi
nous agîmes	nous avons agi	nous avions agi
vous agîtes	vous avez agi	vous aviez agi
ils agirent	ils ont agi	ils avaient agi

PAST ANTERIOR	**FUTURE PERFECT**
j'eus agi etc	j'aurai agi etc

IMPERATIVE	*CONDITIONAL*	
	PRESENT	**PAST**
agis	j'agirais	j'aurais agi
agissons	tu agirais	tu aurais agi
agissez	il agirait	il aurait agi
	nous agirions	nous aurions agi
	vous agiriez	vous auriez agi
	ils agiraient	ils auraient agi

SUBJUNCTIVE		
PRESENT	**IMPERFECT**	**PERFECT**
j'agisse	j'agisse	j'aie agi
tu agisses	tu agisses	tu aies agi
il agisse	il agît	il ait agi
nous agissions	nous agissions	nous ayons agi
vous agissiez	vous agissiez	vous ayez agi
ils agissent	ils agissent	ils aient agi

INFINITIVE	*PARTICIPLE*
PRESENT	**PRESENT**
agir	agissant
PAST	**PAST**
avoir agi	agi

AIMER
to like, to love

8

PRESENT	**IMPERFECT**	**FUTURE**
j'aime	j'aimais	j'aimerai
tu aimes	tu aimais	tu aimeras
il aime	il aimait	il aimera
nous aimons	nous aimions	nous aimerons
vous aimez	vous aimiez	vous aimerez
ils aiment	ils aimaient	ils aimeront

PAST HISTORIC	**PERFECT**	**PLUPERFECT**
j'aimai	j'ai aimé	j'avais aimé
tu aimas	tu as aimé	tu avais aimé
il aima	il a aimé	il avait aimé
nous aimâmes	nous avons aimé	nous avions aimé
vous aimâtes	vous avez aimé	vous aviez aimé
ils aimèrent	ils ont aimé	ils avaient aimé

PAST ANTERIOR	**FUTURE PERFECT**
j'eus aimé etc	j'aurai aimé etc

IMPERATIVE	**CONDITIONAL**	
	PRESENT	**PAST**
aime	j'aimerais	j'aurais aimé
aimons	tu aimerais	tu aurais aimé
aimez	il aimerait	il aurait aimé
	nous aimerions	nous aurions aimé
	vous aimeriez	vous auriez aimé
	ils aimeraient	ils auraient aimé

SUBJUNCTIVE		
PRESENT	**IMPERFECT**	**PERFECT**
j'aime	j'aimasse	j'aie aimé
tu aimes	tu aimasses	tu aies aimé
il aime	il aimât	il ait aimé
nous aimions	nous aimassions	nous ayons aimé
vous aimiez	vous aimassiez	vous ayez aimé
ils aiment	ils aimassent	ils aient aimé

INFINITIVE	**PARTICIPLE**
PRESENT	**PRESENT**
aimer	aimant
PAST	**PAST**
avoir aimé	aimé

9 ALLER
to go

PRESENT	IMPERFECT	FUTURE
je vais	j'allais	j'irai
tu vas	tu allais	tu iras
il va	il allait	il ira
nous allons	nous allions	nous irons
vous allez	vous alliez	vous irez
ils vont	ils allaient	ils iront

PAST HISTORIC	PERFECT	PLUPERFECT
j'allai	je suis allé	j'étais allé
tu allas	tu es allé	tu étais allé
il alla	il est allé	il était allé
nous allâmes	nous sommes allés	nous étions allés
vous allâtes	vous êtes allé(s)	vous étiez allé(s)
ils allèrent	ils sont allés	ils étaient allés

PAST ANTERIOR	FUTURE PERFECT
je fus allé etc	je serai allé etc

IMPERATIVE	CONDITIONAL	
	PRESENT	PAST
va	j'irais	je serais allé
allons	tu irais	tu serais allé
allez	il irait	il serait allé
	nous irions	nous serions allés
	vous iriez	vous seriez allé(s)
	ils iraient	ils seraient allés

SUBJUNCTIVE

PRESENT	IMPERFECT	PERFECT
j'aille	j'allasse	je sois allé
tu ailles	tu allasses	tu sois allé
il aille	il allât	il soit allé
nous allions	nous allassions	nous soyons allés
vous alliez	vous allassiez	vous soyez allé(s)
ils aillent	ils allassent	ils soient allés

INFINITIVE	PARTICIPLE
PRESENT	PRESENT
aller	allant
PAST	PAST
être allé	allé

S'EN ALLER
to go away

10

PRESENT
je m'en vais
tu t'en vas
il s'en va
nous nous en allons
vous vous en allez
ils s'en vont

IMPERFECT
je m'en allais
tu t'en allais
il s'en allait
nous nous en allions
vous vous en alliez
ils s'en allaient

FUTURE
je m'en irai
tu t'en iras
il s'en ira
nous nous en irons
vous vous en irez
ils s'en iront

PAST HISTORIC
je m'en allai
tu t'en allas
il s'en alla
nous nous en allâmes
vous vous en allâtes
ils s'en allèrent

PERFECT
je m'en suis allé
tu t'en es allé
il s'en est allé
nous ns. en sommes allés
vous vs. en êtes allé(s)
ils s'en sont allés

PLUPERFECT
je m'en étais allé
tu t'en étais allé
il s'en était allé
nous ns. en étions allés
vous vs. en étiez allé(s)
ils s'en étaient allés

PAST ANTERIOR
je m'en fus allé etc

FUTURE PERFECT
je m'en serai allé etc

IMPERATIVE
va-t'en
allons-nous-en
allez-vous-en

CONDITIONAL
PRESENT
je m'en irais
tu t'en irais
il s'en irait
nous nous en irions
vous vous en iriez
ils s'en iraient

PAST
je m'en serais allé
tu t'en serais allé
il s'en serait allé
nous nous en serions allés
vous vous en seriez allé(s)
ils s'en seraient allés

SUBJUNCTIVE
PRESENT
je m'en aille
tu t'en ailles
il s'en aille
nous nous en allions
vous vous en alliez
ils s'en aillent

IMPERFECT
je m'en allasse
tu t'en allasses
il s'en allât
nous nous en allassions
vous vous en allassiez
ils s'en allassent

PERFECT
je m'en sois allé
tu t'en sois allé
il s'en soit allé
nous nous en soyons allés
vous vous en soyez allé(s)
ils s'en soient allés

INFINITIVE
PRESENT
s'en aller
PAST
s'en être allé

PARTICIPLE
PRESENT
s'en allant
PAST
en allé

11 ANNONCER
to announce

PRESENT	**IMPERFECT**	**FUTURE**
j'annonce	j'annonçais	j'annoncerai
tu annonces	tu annonçais	tu annonceras
il annonce	il annonçait	il annoncera
nous annonçons	nous annoncions	nous annoncerons
vous annoncez	vous annonciez	vous annoncerez
ils annoncent	ils annonçaient	ils annonceront

PAST HISTORIC	**PERFECT**	**PLUPERFECT**
j'annonçai	j'ai annoncé	j'avais annoncé
tu annonças	tu as annoncé	tu avais annoncé
il annonça	il a annoncé	il avait annoncé
nous annonçâmes	nous avons annoncé	nous avions annoncé
vous annonçâtes	vous avez annoncé	vous aviez annoncé
ils annoncèrent	ils ont annoncé	ils avaient annoncé

PAST ANTERIOR	**FUTURE PERFECT**
j'eus annoncé etc	j'aurai annoncé etc

IMPERATIVE	*CONDITIONAL*	
	PRESENT	**PAST**
annonce	j'annoncerais	j'aurais annoncé
annonçons	tu annoncerais	tu aurais annoncé
annoncez	il annoncerait	il aurait annoncé
	nous annoncerions	nous aurions annoncé
	vous annonceriez	vous auriez annoncé
	ils annonceraient	ils auraient annoncé

SUBJUNCTIVE

PRESENT	**IMPERFECT**	**PERFECT**
j'annonce	j'annonçasse	j'aie annoncé
tu annonces	tu annonçasses	tu aies annoncé
il annonce	il annonçât	il ait annoncé
nous annoncions	nous annonçassions	nous ayons annoncé
vous annonciez	vous annonçassiez	vous ayez annoncé
ils annoncent	ils annonçassent	ils aient annoncé

INFINITIVE	*PARTICIPLE*
PRESENT	**PRESENT**
annoncer	annonçant
PAST	**PAST**
avoir annoncé	annoncé

APERCEVOIR
to see

PRESENT	IMPERFECT	FUTURE
j'aperçois	j'apercevais	j'apercevrai
tu aperçois	tu apercevais	tu apercevras
il aperçoit	il apercevait	il apercevra
nous apercevons	nous apercevions	nous apercevrons
vous apercevez	vous aperceviez	vous apercevrez
ils aperçoivent	ils apercevaient	ils apercevront

PAST HISTORIC	PERFECT	PLUPERFECT
j'aperçus	j'ai aperçu	j'avais aperçu
tu aperçus	tu as aperçu	tu avais aperçu
il aperçut	il a aperçu	il avait aperçu
nous aperçûmes	nous avons aperçu	nous avions aperçu
vous aperçûtes	vous avez aperçu	vous aviez aperçu
ils aperçurent	ils ont aperçu	ils avaient aperçu

PAST ANTERIOR	FUTURE PERFECT
j'eus aperçu etc	j'aurai aperçu etc

IMPERATIVE	CONDITIONAL	
	PRESENT	PAST
aperçois	j'apercevrais	j'aurais aperçu
apercevons	tu apercevrais	tu aurais aperçu
apercevez	il apercevrait	il aurait aperçu
	nous apercevrions	nous aurions aperçu
	vous apercevriez	vous auriez aperçu
	ils apercevraient	ils auraient aperçu

SUBJUNCTIVE

PRESENT	IMPERFECT	PERFECT
j'aperçoive	j'aperçusse	j'aie aperçu
tu aperçoives	tu aperçusses	tu aies aperçu
il aperçoive	il aperçût	il ait aperçu
nous apercevions	nous aperçussions	nous ayons aperçu
vous aperceviez	vous aperçussiez	vous ayez aperçu
ils aperçoivent	ils aperçussent	ils aient aperçu

INFINITIVE	PARTICIPLE
PRESENT	PRESENT
apercevoir	apercevant
PAST	PAST
avoir aperçu	aperçu

APPARTENIR
to belong

PRESENT	IMPERFECT	FUTURE
j'appartiens	j'appartenais	j'appartiendrai
tu appartiens	tu appartenais	tu appartiendras
il appartient	il appartenait	il appartiendra
nous appartenons	nous appartenions	nous appartiendrons
vous appartenez	vous apparteniez	vous appartiendrez
ils appartiennent	ils appartenaient	ils appartiendront

PAST HISTORIC	PERFECT	PLUPERFECT
j'appartins	j'ai appartenu	j'avais appartenu
tu appartins	tu as appartenu	tu avais appartenu
il appartint	il a appartenu	il avait appartenu
nous appartînmes	nous avons appartenu	nous avions appartenu
vous appartîntes	vous avez appartenu	vous aviez appartenu
ils appartinrent	ils ont appartenu	ils avaient appartenu

PAST ANTERIOR	FUTURE PERFECT
j'eus appartenu etc	j'aurai appartenu etc

IMPERATIVE	CONDITIONAL	
	PRESENT	PAST
appartiens	j'appartiendrais	j'aurais appartenu
appartenons	tu appartiendrais	tu aurais appartenu
appartenez	il appartiendrait	il aurait appartenu
	nous appartiendrions	nous aurions appartenu
	vous appartiendriez	vous auriez appartenu
	ils appartiendraient	ils auraient appartenu

SUBJUNCTIVE

PRESENT	IMPERFECT	PERFECT
j'appartienne	j'appartinsse	j'aie appartenu
tu appartiennes	tu appartinsses	tu aies appartenu
il appartienne	il appartînt	il ait appartenu
nous appartenions	nous appartinssions	nous ayons appartenu
vous apparteniez	vous appartinssiez	vous ayez appartenu
ils appartiennent	ils appartinssent	ils aient appartenu

INFINITIVE	PARTICIPLE
PRESENT	PRESENT
appartenir	appartenant
PAST	PAST
avoir appartenu	appartenu

APPELER
to call

PRESENT	**IMPERFECT**	**FUTURE**
j'appelle	j'appelais	j'appellerai
tu appelles	tu appelais	tu appelleras
il appelle	il appelait	il appellera
nous appelons	nous appelions	nous appellerons
vous appelez	vous appeliez	vous appellerez
ils appellent	ils appelaient	ils appelleront

PAST HISTORIC	**PERFECT**	**PLUPERFECT**
j'appelai	j'ai appelé	j'avais appelé
tu appelas	tu as appelé	tu avais appelé
il appela	il a appelé	il avait appelé
nous appelâmes	nous avons appelé	nous avions appelé
vous appelâtes	vous avez appelé	vous aviez appelé
ils appelèrent	ils ont appelé	ils avaient appelé

PAST ANTERIOR	**FUTURE PERFECT**
j'eus appelé etc	j'aurai appelé etc

IMPERATIVE	**CONDITIONAL**	
	PRESENT	**PAST**
appelle	j'appellerais	j'aurais appelé
appelons	tu appellerais	tu aurais appelé
appelez	il appellerait	il aurait appelé
	nous appellerions	nous aurions appelé
	vous appelleriez	vous auriez appelé
	ils appelleraient	ils auraient appelé

SUBJUNCTIVE

PRESENT	**IMPERFECT**	**PERFECT**
j'appelle	j'appelasse	j'aie appelé
tu appelles	tu appelasses	tu aies appelé
il appelle	il appelât	il ait appelé
nous appelions	nous appelassions	nous ayons appelé
vous appeliez	vous appelassiez	vous ayez appelé
ils appellent	ils appelassent	ils aient appelé

INFINITIVE	**PARTICIPLE**
PRESENT	**PRESENT**
appeler	appelant
PAST	**PAST**
avoir appelé	appelé

15 APPRECIER
to appreciate

PRESENT	IMPERFECT	FUTURE
j'apprécie	j'appréciais	j'apprécierai
tu apprécies	tu appréciais	tu apprécieras
il apprécie	il appréciait	il appréciera
nous apprécions	nous appréciions	nous apprécierons
vous appréciez	vous appréciiez	vous apprécierez
ils apprécient	ils appréciaient	ils apprécieront

PAST HISTORIC	PERFECT	PLUPERFECT
j'appréciai	j'ai apprécié	j'avais apprécié
tu apprécias	tu as apprécié	tu avais apprécié
il apprécia	il a apprécié	il avait apprécié
nous appréciâmes	nous avons apprécié	nous avions apprécié
vous appréciâtes	vous avez apprécié	vous aviez apprécié
ils apprécièrent	ils ont apprécié	ils avaient apprécié

PAST ANTERIOR	FUTURE PERFECT
j'eus apprécié etc	j'aurai apprécié etc

IMPERATIVE	CONDITIONAL	
	PRESENT	PAST
apprécie	j'apprécierais	j'aurais apprécié
apprécions	tu apprécierais	tu aurais apprécié
appréciez	il apprécierait	il aurait apprécié
	nous apprécierions	nous aurions apprécié
	vous apprécieriez	vous auriez apprécié
	ils apprécieraient	ils auraient apprécié

SUBJUNCTIVE		
PRESENT	IMPERFECT	PERFECT
j'apprécie	j'appréciasse	j'aie apprécié
tu apprécies	tu appréciasses	tu aies apprécié
il apprécie	il appréciât	il ait apprécié
nous appréciions	nous appréciassions	nous ayons apprécié
vous appréciiez	vous appréciassiez	vous ayez apprécié
ils apprécient	ils appréciassent	ils aient apprécié

INFINITIVE	PARTICIPLE
PRESENT	PRESENT
apprécier	appréciant
PAST	PAST
avoir apprécié	apprécié

APPRENDRE
to learn

PRESENT	**IMPERFECT**	**FUTURE**
j'apprends	j'apprenais	j'apprendrai
tu apprends	tu apprenais	tu apprendras
il apprend	il apprenait	il apprendra
nous apprenons	nous apprenions	nous apprendrons
vous apprenez	vous appreniez	vous apprendrez
ils apprennent	ils apprenaient	ils apprendront

PAST HISTORIC	**PERFECT**	**PLUPERFECT**
j'appris	j'ai appris	j'avais appris
tu appris	tu as appris	tu avais appris
il apprit	il a appris	il avait appris
nous apprîmes	nous avons appris	nous avions appris
vous apprîtes	vous avez appris	vous aviez appris
ils apprirent	ils ont appris	ils avaient appris

PAST ANTERIOR	**FUTURE PERFECT**
j'eus appris etc	j'aurai appris etc

IMPERATIVE	*CONDITIONAL*	
	PRESENT	**PAST**
apprends	j'apprendrais	j'aurais appris
apprenons	tu apprendrais	tu aurais appris
apprenez	il apprendrait	il aurait appris
	nous apprendrions	nous aurions appris
	vous apprendriez	vous auriez appris
	ils apprendraient	ils auraient appris

SUBJUNCTIVE

PRESENT	**IMPERFECT**	**PERFECT**
j'apprenne	j'apprisse	j'aie appris
tu apprennes	tu apprisses	tu aies appris
il apprenne	il apprît	il ait appris
nous apprenions	nous apprissions	nous ayons appris
vous appreniez	vous apprissiez	vous ayez appris
ils apprennent	ils apprissent	ils aient appris

INFINITIVE	*PARTICIPLE*
PRESENT	**PRESENT**
apprendre	apprenant
PAST	**PAST**
avoir appris	appris

17 APPUYER
to push, to lean

PRESENT	IMPERFECT	FUTURE
j'appuie	j'appuyais	j'appuierai
tu appuies	tu appuyais	tu appuieras
il appuie	il appuyait	il appuiera
nous appuyons	nous appuyions	nous appuierons
vous appuyez	vous appuyiez	vous appuierez
ils appuient	ils appuyaient	ils appuieront

PAST HISTORIC	PERFECT	PLUPERFECT
j'appuyai	j'ai appuyé	j'avais appuyé
tu appuyas	tu as appuyé	tu avais appuyé
il appuya	il a appuyé	il avait appuyé
nous appuyâmes	nous avons appuyé	nous avions appuyé
vous appuyâtes	vous avez appuyé	vous aviez appuyé
ils appuyèrent	ils ont appuyé	ils avaient appuyé

PAST ANTERIOR	FUTURE PERFECT
j'eus appuyé etc	j'aurai appuyé etc

IMPERATIVE	CONDITIONAL	
	PRESENT	PAST
appuie	j'appuierais	j'aurais appuyé
appuyons	tu appuierais	tu aurais appuyé
appuyez	il appuierait	il aurait appuyé
	nous appuierions	nous aurions appuyé
	vous appuieriez	vous auriez appuyé
	ils appuieraient	ils auraient appuyé

SUBJUNCTIVE

PRESENT	IMPERFECT	PERFECT
j'appuie	j'appuyasse	j'aie appuyé
tu appuies	tu appuyasses	tu aies appuyé
il appuie	il appuyât	il ait appuyé
nous appuyions	nous appuyassions	nous ayons appuyé
vous appuyiez	vous appuyassiez	vous ayez appuyé
ils appuient	ils appuyassent	ils aient appuyé

INFINITIVE	PARTICIPLE
PRESENT	PRESENT
appuyer	appuyant
PAST	PAST
avoir appuyé	appuyé

ARGUER
to argue

PRESENT	IMPERFECT	FUTURE
j'argue	j'arguais	j'arguerai
tu argues	tu arguais	tu argueras
il argue	il arguait	il arguera
nous arguons	nous arguions	nous arguerons
vous arguez	vous arguiez	vous arguerez
ils arguent	ils arguaient	ils argueront

PAST HISTORIC	PERFECT	PLUPERFECT
j'arguai	j'ai argué	j'avais argué
tu arguas	tu as argué	tu avais argué
il argua	il a argué	il avait argué
nous arguâmes	nous avons argué	nous avions argué
vous arguâtes	vous avez argué	vous aviez argué
ils arguèrent	ils ont argué	ils avaient argué

PAST ANTERIOR	FUTURE PERFECT
j'eus argué etc	j'aurai argué etc

IMPERATIVE	CONDITIONAL	
	PRESENT	PAST
argue	j'arguerais	j'aurais argué
arguons	tu arguerais	tu aurais argué
arguez	il arguerait	il aurait argué
	nous arguerions	nous aurions argué
	vous argueriez	vous auriez argué
	ils argueraient	ils auraient argué

SUBJUNCTIVE

PRESENT	IMPERFECT	PERFECT
j'argue	j'arguasse	j'aie argué
tu argues	tu arguasses	tu aies argué
il argue	il arguât	il ait argué
nous arguions	nous arguassions	nous ayons argué
vous arguiez	vous arguassiez	vous ayez argué
ils arguent	ils arguassent	ils aient argué

INFINITIVE	PARTICIPLE
PRESENT	PRESENT
arguer	arguant
PAST	PAST
avoir argué	argué

ARRIVER
to arrive, to happen

PRESENT	IMPERFECT	FUTURE
j'arrive	j'arrivais	j'arriverai
tu arrives	tu arrivais	tu arriveras
il arrive	il arrivait	il arrivera
nous arrivons	nous arrivions	nous arriverons
vous arrivez	vous arriviez	vous arriverez
ils arrivent	ils arrivaient	ils arriveront

PAST HISTORIC	PERFECT	PLUPERFECT
j'arrivai	je suis arrivé	j'étais arrivé
tu arrivas	tu es arrivé	tu étais arrivé
il arriva	il est arrivé	il était arrivé
nous arrivâmes	nous sommes arrivés	nous étions arrivés
vous arrivâtes	vous êtes arrivé(s)	vous étiez arrivé(s)
ils arrivèrent	ils sont arrivés	ils étaient arrivés

PAST ANTERIOR	FUTURE PERFECT
je fus arrivé etc	je serai arrivé etc

IMPERATIVE	CONDITIONAL	
	PRESENT	PAST
arrive	j'arriverais	je serais arrivé
arrivons	tu arriverais	tu serais arrivé
arrivez	il arriverait	il serait arrivé
	nous arriverions	nous serions arrivés
	vous arriveriez	vous seriez arrivé(s)
	ils arriveraient	ils seraient arrivés

SUBJUNCTIVE

PRESENT	IMPERFECT	PERFECT
j'arrive	j'arrivasse	je sois arrivé
tu arrives	tu arrivasses	tu sois arrivé
il arrive	il arrivât	il soit arrivé
nous arrivions	nous arrivassions	nous soyons arrivés
vous arriviez	vous arrivassiez	vous soyez arrivé(s)
ils arrivent	ils arrivassent	ils soient arrivés

INFINITIVE	PARTICIPLE
PRESENT	PRESENT
arriver	arrivant
PAST	PAST
être arrivé	arrivé

ASSAILLIR
to attack

PRESENT	IMPERFECT	FUTURE
j'assaille	j'assaillais	j'assaillirai
tu assailles	tu assaillais	tu assailliras
il assaille	il assaillait	il assaillira
nous assaillons	nous assaillions	nous assaillirons
vous assaillez	vous assailliez	vous assaillirez
ils assaillent	ils assaillaient	ils assailliront

PAST HISTORIC	PERFECT	PLUPERFECT
j'assaillis	j'ai assailli	j'avais assailli
tu assaillis	tu as assailli	tu avais assailli
il assaillit	il a assailli	il avait assailli
nous assaillîmes	nous avons assailli	nous avions assailli
vous assaillîtes	vous avez assailli	vous aviez assailli
ils assaillirent	ils ont assailli	ils avaient assailli

PAST ANTERIOR	FUTURE PERFECT
j'eus assailli etc	j'aurai assailli etc

IMPERATIVE	CONDITIONAL	
	PRESENT	PAST
assaille	j'assaillirais	j'aurais assailli
assaillons	tu assaillirais	tu aurais assailli
assaillez	il assaillirait	il aurait assailli
	nous assaillirions	nous aurions assailli
	vous assailliriez	vous auriez assailli
	ils assailliraient	ils auraient assailli

SUBJUNCTIVE

PRESENT	IMPERFECT	PERFECT
j'assaille	j'assaillisse	j'aie assailli
tu assailles	tu assaillisses	tu aies assailli
il assaille	il assaillît	il ait assailli
nous assaillions	nous assaillissions	nous ayons assailli
vous assailliez	vous assaillissiez	vous ayez assailli
ils assaillent	ils assaillissent	ils aient assailli

INFINITIVE	PARTICIPLE
PRESENT	PRESENT
assaillir	assaillant
PAST	PAST
avoir assailli	assailli

21   S'ASSEOIR
to sit down

PRESENT

je m'assieds/assois
tu t'assieds/assois
il s'assied/assoit
nous ns. asseyons/assoyons
vous vs. asseyez/assoyez
ils s'asseyent/assoient

IMPERFECT

je m'asseyais
tu t'asseyais
il s'asseyait
nous nous asseyions
vous vous asseyiez
ils s'asseyaient

FUTURE

je m'assiérai
tu t'assiéras
il s'assiéra
nous nous assiérons
vous vous assiérez
ils s'assiéront

PAST HISTORIC

je m'assis
tu t'assis
il s'assit
nous nous assîmes
vous vous assîtes
ils s'assirent

PERFECT

je me suis assis
tu t'es assis
il s'est assis
nous nous sommes assis
vous vous êtes assis
ils se sont assis

PLUPERFECT

je m'étais assis
tu t'étais assis
il s'était assis
nous nous étions assis
vous vous étiez assis
ils s'étaient assis

PAST ANTERIOR

je me fus assis etc

FUTURE PERFECT

je me serai assis etc

IMPERATIVE

assieds/assois-toi
asseyons/assoyons-nous
asseyez/assoyez-vous

CONDITIONAL

PRESENT

je m'assiérais
tu t'assiérais
il s'assiérait
nous nous assiérions
vous vous assiériez
ils s'assiéraient

PAST

je me serais assis
tu te serais assis
il se serait assis
nous nous serions assis
vous vous seriez assis
ils se seraient assis

SUBJUNCTIVE

PRESENT

je m'asseye
tu t'asseyes
il s'asseye
nous nous asseyions
vous vous asseyiez
ils s'asseyent

IMPERFECT

je m'assisse
tu t'assisses
il s'assît
nous nous assissions
vous vous assissiez
ils s'assissent

PERFECT

je me sois assis
tu te sois assis
il se soit assis
nous nous soyons assis
vous vous soyez assis
ils se soient assis

INFINITIVE

PRESENT

s'asseoir

PAST

s'être assis

PARTICIPLE

PRESENT

s'asseyant/s'assoyant

PAST

assis

NOTE

*other alternative forms
(less common) are
imperfect:* je m'assoyais
etc, future: je m'assoira
*etc and subjunctive
present:* je m'assoie *etc*

ATTENDRE
to wait

PRESENT	IMPERFECT	FUTURE
j'attends	j'attendais	j'attendrai
tu attends	tu attendais	tu attendras
il attend	il attendait	il attendra
nous attendons	nous attendions	nous attendrons
vous attendez	vous attendiez	vous attendrez
ils attendent	ils attendaient	ils attendront

PAST HISTORIC	PERFECT	PLUPERFECT
j'attendis	j'ai attendu	j'avais attendu
tu attendis	tu as attendu	tu avais attendu
il attendit	il a attendu	il avait attendu
nous attendîmes	nous avons attendu	nous avions attendu
vous attendîtes	vous avez attendu	vous aviez attendu
ils attendirent	ils ont attendu	ils avaient attendu

PAST ANTERIOR	FUTURE PERFECT
j'eus attendu etc	j'aurai attendu etc

IMPERATIVE	CONDITIONAL	
	PRESENT	PAST
attends	j'attendrais	j'aurais attendu
attendons	tu attendrais	tu aurais attendu
attendez	il attendrait	il aurait attendu
	nous attendrions	nous aurions attendu
	vous attendriez	vous auriez attendu
	ils attendraient	ils auraient attendu

SUBJUNCTIVE

PRESENT	IMPERFECT	PERFECT
j'attende	j'attendisse	j'aie attendu
tu attendes	tu attendisses	tu aies attendu
il attende	il attendît	il ait attendu
nous attendions	nous attendissions	nous ayons attendu
vous attendiez	vous attendissiez	vous ayez attendu
ils attendent	ils attendissent	ils aient attendu

INFINITIVE	PARTICIPLE
PRESENT	PRESENT
attendre	attendant
PAST	PAST
avoir attendu	attendu

AVANCER
to move forward

PRESENT	**IMPERFECT**	**FUTURE**
j'avance	j'avançais	j'avancerai
tu avances	tu avançais	tu avanceras
il avance	il avançait	il avancera
nous avançons	nous avancions	nous avancerons
vous avancez	vous avanciez	vous avancerez
ils avancent	ils avançaient	ils avanceront

PAST HISTORIC	**PERFECT**	**PLUPERFECT**
j'avançai	j'ai avancé	j'avais avancé
tu avanças	tu as avancé	tu avais avancé
il avança	il a avancé	il avait avancé
nous avançâmes	nous avons avancé	nous avions avancé
vous avançâtes	vous avez avancé	vous aviez avancé
ils avancèrent	ils ont avancé	ils avaient avancé

PAST ANTERIOR	**FUTURE PERFECT**
j'eus avancé etc	j'aurai avancé etc

IMPERATIVE	*CONDITIONAL*	
	PRESENT	**PAST**
avance	j'avancerais	j'aurais avancé
avançons	tu avancerais	tu aurais avancé
avancez	il avancerait	il aurait avancé
	nous avancerions	nous aurions avancé
	vous avanceriez	vous auriez avancé
	ils avanceraient	ils auraient avancé

SUBJUNCTIVE		
PRESENT	**IMPERFECT**	**PERFECT**
j'avance	j'avançasse	j'aie avancé
tu avances	tu avançasses	tu aies avancé
il avance	il avançât	il ait avancé
nous avancions	nous avançassions	nous ayons avancé
vous avanciez	vous avançassiez	vous ayez avancé
ils avancent	ils avançassent	ils aient avancé

INFINITIVE	*PARTICIPLE*
PRESENT	**PRESENT**
avancer	avançant
PAST	**PAST**
avoir avancé	avancé

PRESENT	IMPERFECT	FUTURE
j'ai	j'avais	j'aurai
tu as	tu avais	tu auras
il a	il avait	il aura
nous avons	nous avions	nous aurons
vous avez	vous aviez	vous aurez
ils ont	ils avaient	ils auront

PAST HISTORIC	PERFECT	PLUPERFECT
j'eus	j'ai eu	j'avais eu
tu eus	tu as eu	tu avais eu
il eut	il a eu	il avait eu
nous eûmes	nous avons eu	nous avions eu
vous eûtes	vous avez eu	vous aviez eu
ils eurent	ils ont eu	ils avaient eu

PAST ANTERIOR	FUTURE PERFECT
j'eus eu etc	j'aurai eu etc

IMPERATIVE	CONDITIONAL	
	PRESENT	PAST
aie	j'aurais	j'aurais eu
ayons	tu aurais	tu aurais eu
ayez	il aurait	il aurait eu
	nous aurions	nous aurions eu
	vous auriez	vous auriez eu
	ils auraient	ils auraient eu

SUBJUNCTIVE

PRESENT	IMPERFECT	PERFECT
j'aie	j'eusse	j'aie eu
tu aies	tu eusses	tu aies eu
il ait	il eût	il ait eu
nous ayons	nous eussions	nous ayons eu
vous ayez	vous eussiez	vous ayez eu
ils aient	ils eussent	ils aient eu

INFINITIVE	PARTICIPLE
PRESENT	PRESENT
avoir	ayant
PAST	PAST
avoir eu	eu

25

BATTRE
to beat

PRESENT	IMPERFECT	FUTURE
je bats	je battais	je battrai
tu bats	tu battais	tu battras
il bat	il battait	il battra
nous battons	nous battions	nous battrons
vous battez	vous battiez	vous battrez
ils battent	ils battaient	ils battront

PAST HISTORIC	PERFECT	PLUPERFECT
je battis	j'ai battu	j'avais battu
tu battis	tu as battu	tu avais battu
il battit	il a battu	il avait battu
nous battîmes	nous avons battu	nous avions battu
vous battîtes	vous avez battu	vous aviez battu
ils battirent	ils ont battu	ils avaient battu

PAST ANTERIOR	FUTURE PERFECT
j'eus battu etc	j'aurai battu etc

IMPERATIVE	CONDITIONAL	
	PRESENT	PAST
bats	je battrais	j'aurais battu
battons	tu battrais	tu aurais battu
battez	il battrait	il aurait battu
	nous battrions	nous aurions battu
	vous battriez	vous auriez battu
	ils battraient	ils auraient battu

SUBJUNCTIVE

PRESENT	IMPERFECT	PERFECT
je batte	je battisse	j'aie battu
tu battes	tu battisses	tu aies battu
il batte	il battît	il ait battu
nous battions	nous battissions	nous ayons battu
vous battiez	vous battissiez	vous ayez battu
ils battent	ils battissent	ils aient battu

INFINITIVE	PARTICIPLE
PRESENT	PRESENT
battre	battant
PAST	PAST
avoir battu	battu

BOIRE
to drink

26

PRESENT

je bois
tu bois
il boit
nous buvons
vous buvez
ils boivent

IMPERFECT

je buvais
tu buvais
il buvait
nous buvions
vous buviez
ils buvaient

FUTURE

je boirai
tu boiras
il boira
nous boirons
vous boirez
ils boiront

PAST HISTORIC

je bus
tu bus
il but
nous bûmes
vous bûtes
ils burent

PERFECT

j'ai bu
tu as bu
il a bu
nous avons bu
vous avez bu
ils ont bu

PLUPERFECT

j'avais bu
tu avais bu
il avait bu
nous avions bu
vous aviez bu
ils avaient bu

PAST ANTERIOR

j'eus bu etc

FUTURE PERFECT

j'aurai bu etc

IMPERATIVE

bois
buvons
buvez

CONDITIONAL

PRESENT

je boirais
tu boirais
il boirait
nous boirions
vous boiriez
ils boiraient

PAST

j'aurais bu
tu aurais bu
il aurait bu
nous aurions bu
vous auriez bu
ils auraient bu

SUBJUNCTIVE

PRESENT

je boive
tu boives
il boive
nous buvions
vous buviez
ils boivent

IMPERFECT

je busse
tu busses
il bût
nous bussions
vous bussiez
ils bussent

PERFECT

j'aie bu
tu aies bu
il ait bu
nous ayons bu
vous ayez bu
ils aient bu

INFINITIVE

PRESENT

boire

PAST

avoir bu

PARTICIPLE

PRESENT

buvant

PAST

bu

BOUILLIR
to boil

PRESENT	IMPERFECT	FUTURE
je bous	je bouillais	je bouillirai
tu bous	tu bouillais	tu bouilliras
il bout	il bouillait	il bouillira
nous bouillons	nous bouillions	nous bouillirons
vous bouillez	vous bouilliez	vous bouillirez
ils bouillent	ils bouillaient	ils bouilliront

PAST HISTORIC	PERFECT	PLUPERFECT
je bouillis	j'ai bouilli	j'avais bouilli
tu bouillis	tu as bouilli	tu avais bouilli
il bouillit	il a bouilli	il avait bouilli
nous bouillîmes	nous avons bouilli	nous avions bouilli
vous bouillîtes	vous avez bouilli	vous aviez bouilli
ils bouillirent	ils ont bouilli	ils avaient bouilli

PAST ANTERIOR	FUTURE PERFECT
j'eus bouilli etc	j'aurai bouilli etc

IMPERATIVE	CONDITIONAL	
	PRESENT	PAST
bous	je bouillirais	j'aurais bouilli
bouillons	tu bouillirais	tu aurais bouilli
bouillez	il bouillirait	il aurait bouilli
	nous bouillirions	nous aurions bouilli
	vous bouilliriez	vous auriez bouilli
	ils bouilliraient	ils auraient bouilli

SUBJUNCTIVE		
PRESENT	IMPERFECT	PERFECT
je bouille	je bouillisse	j'aie bouilli
tu bouilles	tu bouillisses	tu aies bouilli
il bouille	il bouillît	il ait bouilli
nous bouillions	nous bouillissions	nous ayons bouilli
vous bouilliez	vous bouillissiez	vous ayez bouilli
ils bouillent	ils bouillissent	ils aient bouilli

INFINITIVE	PARTICIPLE
PRESENT	PRESENT
bouillir	bouillant
PAST	PAST
avoir bouilli	bouilli

BRILLER
to shine

PRESENT	IMPERFECT	FUTURE
je brille	je brillais	je brillerai
tu brilles	tu brillais	tu brilleras
il brille	il brillait	il brillera
nous brillons	nous brillions	nous brillerons
vous brillez	vous brilliez	vous brillerez
ils brillent	ils brillaient	ils brilleront

PAST HISTORIC	PERFECT	PLUPERFECT
je brillai	j'ai brillé	j'avais brillé
tu brillas	tu as brillé	tu avais brillé
il brilla	il a brillé	il avait brillé
nous brillâmes	nous avons brillé	nous avions brillé
vous brillâtes	vous avez brillé	vous aviez brillé
ils brillèrent	ils ont brillé	ils avaient brillé

PAST ANTERIOR	FUTURE PERFECT
j'eus brillé etc	j'aurai brillé etc

IMPERATIVE	CONDITIONAL	
	PRESENT	PAST
brille	je brillerais	j'aurais brillé
brillons	tu brillerais	tu aurais brillé
brillez	il brillerait	il aurait brillé
	nous brillerions	nous aurions brillé
	vous brilleriez	vous auriez brillé
	ils brilleraient	ils auraient brillé

SUBJUNCTIVE

PRESENT	IMPERFECT	PERFECT
je brille	je brillasse	j'aie brillé
tu brilles	tu brillasses	tu aies brillé
il brille	il brillât	il ait brillé
nous brillions	nous brillassions	nous ayons brillé
vous brilliez	vous brillassiez	vous ayez brillé
ils brillent	ils brillassent	ils aient brillé

INFINITIVE	PARTICIPLE
PRESENT	PRESENT
briller	brillant
PAST	PAST
avoir brillé	brillé

CEDER
to give in

PRESENT	IMPERFECT	FUTURE
je cède	je cédais	je céderai
tu cèdes	tu cédais	tu céderas
il cède	il cédait	il cédera
nous cédons	nous cédions	nous céderons
vous cédez	vous cédiez	vous céderez
ils cèdent	ils cédaient	ils céderont

PAST HISTORIC	PERFECT	PLUPERFECT
je cédai	j'ai cédé	j'avais cédé
tu cédas	tu as cédé	tu avais cédé
il céda	il a cédé	il avait cédé
nous cédâmes	nous avons cédé	nous avions cédé
vous cédâtes	vous avez cédé	vous aviez cédé
ils cédèrent	ils ont cédé	ils avaient cédé

PAST ANTERIOR	FUTURE PERFECT
j'eus cédé etc	j'aurai cédé etc

IMPERATIVE	CONDITIONAL	
	PRESENT	PAST
cède	je céderais	j'aurais cédé
cédons	tu céderais	tu aurais cédé
cédez	il céderait	il aurait cédé
	nous céderions	nous aurions cédé
	vous céderiez	vous auriez cédé
	ils céderaient	ils auraient cédé

SUBJUNCTIVE

PRESENT	IMPERFECT	PERFECT
je cède	je cédasse	j'aie cédé
tu cèdes	tu cédasses	tu aies cédé
il cède	il cédât	il ait cédé
nous cédions	nous cédassions	nous ayons cédé
vous cédiez	vous cédassiez	vous ayez cédé
ils cèdent	ils cédassent	ils aient cédé

INFINITIVE	PARTICIPLE	NOTE
PRESENT	PRESENT	décéder: *auxiliary* être
céder	cédant	
PAST	PAST	
avoir cédé	cédé	

CELEBRER
to celebrate

30

PRESENT	IMPERFECT	FUTURE
je célèbre	je célébrais	je célébrerai
tu célèbres	tu célébrais	tu célébreras
il célèbre	il célébrait	il célébrera
nous célébrons	nous célébrions	nous célébrerons
vous célébrez	vous célébriez	vous célébrerez
ils célèbrent	ils célébraient	ils célébreront

PAST HISTORIC	PERFECT	PLUPERFECT
je célébrai	j'ai célébré	j'avais célébré
tu célébras	tu as célébré	tu avais célébré
il célébra	il a célébré	il avait célébré
nous célébrâmes	nous avons célébré	nous avions célébré
vous célébrâtes	vous avez célébré	vous aviez célébré
ils célébrèrent	ils ont célébré	ils avaient célébré

PAST ANTERIOR	FUTURE PERFECT
j'eus célébré etc	j'aurai célébré etc

IMPERATIVE	CONDITIONAL	
	PRESENT	PAST
célèbre	je célébrerais	j'aurais célébré
célébrons	tu célébrerais	tu aurais célébré
célébrez	il célébrerait	il aurait célébré
	nous célébrerions	nous aurions célébré
	vous célébreriez	vous auriez célébré
	ils célébreraient	ils auraient célébré

SUBJUNCTIVE

PRESENT	IMPERFECT	PERFECT
je célèbre	je célébrasse	j'aie célébré
tu célèbres	tu célébrasses	tu aies célébré
il célèbre	il célébrât	il ait célébré
nous célébrions	nous célébrassions	nous ayons célébré
vous célébriez	vous célébrassiez	vous ayez célébré
ils célèbrent	ils célébrassent	ils aient célébré

INFINITIVE	PARTICIPLE
PRESENT	PRESENT
célébrer	célébrant
PAST	PAST
avoir célébré	célébré

CHANTER
to sing

PRESENT	IMPERFECT	FUTURE
je chante	je chantais	je chanterai
tu chantes	tu chantais	tu chanteras
il chante	il chantait	il chantera
nous chantons	nous chantions	nous chanterons
vous chantez	vous chantiez	vous chanterez
ils chantent	ils chantaient	ils chanteront

PAST HISTORIC	PERFECT	PLUPERFECT
je chantai	j'ai chanté	j'avais chanté
tu chantas	tu as chanté	tu avais chanté
il chanta	il a chanté	il avait chanté
nous chantâmes	nous avons chanté	nous avions chanté
vous chantâtes	vous avez chanté	vous aviez chanté
ils chantèrent	ils ont chanté	ils avaient chanté

PAST ANTERIOR	FUTURE PERFECT
j'eus chanté etc	j'aurai chanté etc

IMPERATIVE	CONDITIONAL	
	PRESENT	PAST
chante	je chanterais	j'aurais chanté
chantons	tu chanterais	tu aurais chanté
chantez	il chanterait	il aurait chanté
	nous chanterions	nous aurions chanté
	vous chanteriez	vous auriez chanté
	ils chanteraient	ils auraient chanté

SUBJUNCTIVE

PRESENT	IMPERFECT	PERFECT
je chante	je chantasse	j'aie chanté
tu chantes	tu chantasses	tu aies chanté
il chante	il chantât	il ait chanté
nous chantions	nous chantassions	nous ayons chanté
vous chantiez	vous chantassiez	vous ayez chanté
ils chantent	ils chantassent	ils aient chanté

INFINITIVE	PARTICIPLE	NOTE
PRESENT	PRESENT	demeurer: *auxiliary* être
chanter	chantant	*when it means 'to remain'*
		ressusciter: *auxiliary* être
PAST	PAST	*when intransitive*
avoir chanté	chanté	

to fall

PRESENT	IMPERFECT	FUTURE
je chois		
tu chois		
il choit		
ils choient		

PAST HISTORIC	PERFECT	PLUPERFECT
il chut	je suis chu	j'étais chu
	tu es chu	tu étais chu
	il est chu	il était chu
	nous sommes chus	nous étions chus
	vous êtes chu(s)	vous étiez chu(s)
	ils sont chus	ils étaient chus

PAST ANTERIOR	FUTURE PERFECT
il fut chu	il sera chu

IMPERATIVE	CONDITIONAL	
	PRESENT	PAST
		je serais chu
		tu serais chu
		il serait chu
		nous serions chus
		vous seriez chu(s)
		ils seraient chus

SUBJUNCTIVE		
PRESENT	IMPERFECT	PERFECT
	il chût	je sois chu
		tu sois chu
		il soit chu
		nous soyons chus
		vous soyez chu(s)
		ils soient chus

INFINITIVE	PARTICIPLE
PRESENT	PRESENT
choir	
PAST	PAST
être chu	chu

CLORE
to close

PRESENT	IMPERFECT	FUTURE
je clos		je clorai
tu clos		tu cloras
il clôt		il clora
		nous clorons
		vous clorez
ils closent		ils cloront

PAST HISTORIC	PERFECT	PLUPERFECT
	j'ai clos	j'avais clos
	tu as clos	tu avais clos
	il a clos	il avait clos
	nous avons clos	nous avions clos
	vous avez clos	vous aviez clos
	ils ont clos	ils avaient clos

PAST ANTERIOR	FUTURE PERFECT
j'eus clos etc	j'aurai clos etc

IMPERATIVE	CONDITIONAL	
	PRESENT	PAST
clos	je clorais	j'aurais clos
	tu clorais	tu aurais clos
	il clorait	il aurait clos
	nous clorions	nous aurions clos
	vous cloriez	vous auriez clos
	ils cloraient	ils auraient clos

SUBJUNCTIVE		
PRESENT	IMPERFECT	PERFECT
je close		j'aie clos
tu closes		tu aies clos
il close		il ait clos
nous closions		nous ayons clos
vous closiez		vous ayez clos
ils closent		ils aient clos

INFINITIVE	PARTICIPLE
PRESENT	PRESENT
clore	
PAST	PAST
avoir clos	clos

COMMENCER
to start

PRESENT

je commence
tu commences
il commence
nous commençons
vous commencez
ils commencent

IMPERFECT

je commençais
tu commençais
il commençait
nous commencions
vous commenciez
ils commençaient

FUTURE

je commencerai
tu commenceras
il commencera
nous commencerons
vous commencerez
ils commenceront

PAST HISTORIC

je commençai
tu commenças
il commença
nous commençâmes
vous commençâtes
ils commencèrent

PERFECT

j'ai commencé
tu as commencé
il a commencé
nous avons commencé
vous avez commencé
ils ont commencé

PLUPERFECT

j'avais commencé
tu avais commencé
il avait commencé
nous avions commencé
vous aviez commencé
ils avaient commencé

PAST ANTERIOR

j'eus commencé etc

FUTURE PERFECT

j'aurai commencé etc

IMPERATIVE

commence
commençons
commencez

CONDITIONAL

PRESENT

je commencerais
tu commencerais
il commencerait
nous commencerions
vous commenceriez
ils commenceraient

PAST

j'aurais commencé
tu aurais commencé
il aurait commencé
nous aurions commencé
vous auriez commencé
ils auraient commencé

SUBJUNCTIVE

PRESENT

je commence
tu commences
il commence
nous commencions
vous commenciez
ils commencent

IMPERFECT

je commençasse
tu commençasses
il commençât
nous commençassions
vous commençassiez
ils commençassent

PERFECT

j'aie commencé
tu aies commencé
il ait commencé
nous ayons commencé
vous ayez commencé
ils aient commencé

INFINITIVE

PRESENT

commencer

PAST

avoir commencé

PARTICIPLE

PRESENT

commençant

PAST

commencé

35 COMPLETER
to complete

PRESENT

je complète
tu complètes
il complète
nous complétons
vous complétez
ils complètent

IMPERFECT

je complétais
tu complétais
il complétait
nous complétions
vous complétiez
ils complétaient

FUTURE

je compléterai
tu compléteras
il complétera
nous compléterons
vous compléterez
ils compléteront

PAST HISTORIC

je complétai
tu complétas
il compléta
nous complétâmes
vous complétâtes
ils complétèrent

PERFECT

j'ai complété
tu as complété
il a complété
nous avons complété
vous avez complété
ils ont complété

PLUPERFECT

j'avais complété
tu avais complété
il avait complété
nous avions complété
vous aviez complété
ils avaient complété

PAST ANTERIOR

j'eus complété etc

FUTURE PERFECT

j'aurai complété etc

IMPERATIVE

complète
complétons
complétez

CONDITIONAL

PRESENT

je compléterais
tu compléterais
il compléterait
nous compléterions
vous compléteriez
ils compléteraient

PAST

j'aurais complété
tu aurais complété
il aurait complété
nous aurions complété
vous auriez complété
ils auraient complété

SUBJUNCTIVE

PRESENT

je complète
tu complètes
il complète
nous complétions
vous complétiez
ils complètent

IMPERFECT

je complétasse
tu complétasses
il complétât
nous complétassions
vous complétassiez
ils complétassent

PERFECT

j'aie complété
tu aies complété
il ait complété
nous ayons complété
vous ayez complété
ils aient complété

INFINITIVE

PRESENT

compléter

PAST

avoir complété

PARTICIPLE

PRESENT

complétant

PAST

complété

COMPRENDRE
to understand

PRESENT

je comprends
tu comprends
il comprend
nous comprenons
vous comprenez
ils comprennent

IMPERFECT

je comprenais
tu comprenais
il comprenait
nous comprenions
vous compreniez
ils comprenaient

FUTURE

je comprendrai
tu comprendras
il comprendra
nous comprendrons
vous comprendrez
ils comprendront

PAST HISTORIC

je compris
tu compris
il comprit
nous comprîmes
vous comprîtes
ils comprirent

PERFECT

j'ai compris
tu as compris
il a compris
nous avons compris
vous avez compris
ils ont compris

PLUPERFECT

j'avais compris
tu avais compris
il avait compris
nous avions compris
vous aviez compris
ils avaient compris

PAST ANTERIOR

j'eus compris etc

FUTURE PERFECT

j'aurai compris etc

IMPERATIVE

comprends
comprenons
comprenez

CONDITIONAL

PRESENT

je comprendrais
tu comprendrais
il comprendrait
nous comprendrions
vous comprendriez
ils comprendraient

PAST

j'aurais compris
tu aurais compris
il aurait compris
nous aurions compris
vous auriez compris
ils auraient compris

SUBJUNCTIVE

PRESENT

je comprenne
tu comprennes
il comprenne
nous comprenions
vous compreniez
ils comprennent

IMPERFECT

je comprisse
tu comprisses
il comprît
nous comprissions
vous comprissiez
ils comprissent

PERFECT

j'aie compris
tu aies compris
il ait compris
nous ayons compris
vous ayez compris
ils aient compris

INFINITIVE

PRESENT

comprendre

PAST

avoir compris

PARTICIPLE

PRESENT

comprenant

PAST

compris

CONCLURE
to conclude

PRESENT

je conclus
tu conclus
il conclut
nous concluons
vous concluez
ils concluent

IMPERFECT

je concluais
tu concluais
il concluait
nous concluions
vous concluiez
ils concluaient

FUTURE

je conclurai
tu concluras
il conclura
nous conclurons
vous conclurez
ils concluront

PAST HISTORIC

je conclus
tu conclus
il conclut
nous conclûmes
vous conclûtes
ils conclurent

PERFECT

j'ai conclu
tu as conclu
il a conclu
nous avons conclu
vous avez conclu
ils ont conclu

PLUPERFECT

j'avais conclu
tu avais conclu
il avait conclu
nous avions conclu
vous aviez conclu
ils avaient conclu

PAST ANTERIOR

j'eus conclu etc

FUTURE PERFECT

j'aurai conclu etc

IMPERATIVE

conclus
concluons
concluez

CONDITIONAL

PRESENT

je conclurais
tu conclurais
il conclurait
nous conclurions
vous concluriez
ils concluraient

PAST

j'aurais conclu
tu aurais conclu
il aurait conclu
nous aurions conclu
vous auriez conclu
ils auraient conclu

SUBJUNCTIVE

PRESENT

je conclue
tu conclues
il conclue
nous concluions
vous concluiez
ils concluent

IMPERFECT

je conclusse
tu conclusses
il conclût
nous conclussions
vous conclussiez
ils conclussent

PERFECT

j'aie conclu
tu aies conclu
il ait conclu
nous ayons conclu
vous ayez conclu
ils aient conclu

INFINITIVE

PRESENT

conclure

PAST

avoir conclu

PARTICIPLE

PRESENT

concluant

PAST

conclu

CONDUIRE
to lead, to drive

38

PRESENT	IMPERFECT	FUTURE
je conduis	je conduisais	je conduirai
tu conduis	tu conduisais	tu conduiras
il conduit	il conduisait	il conduira
nous conduisons	nous conduisions	nous conduirons
vous conduisez	vous conduisiez	vous conduirez
ils conduisent	ils conduisaient	ils conduiront

PAST HISTORIC	PERFECT	PLUPERFECT
je conduisis	j'ai conduit	j'avais conduit
tu conduisis	tu as conduit	tu avais conduit
il conduisit	il a conduit	il avait conduit
nous conduisîmes	nous avons conduit	nous avions conduit
vous conduisîtes	vous avez conduit	vous aviez conduit
ils conduisirent	ils ont conduit	ils avaient conduit

PAST ANTERIOR	FUTURE PERFECT
j'eus conduit etc	j'aurai conduit etc

IMPERATIVE	CONDITIONAL	
	PRESENT	PAST
conduis	je conduirais	j'aurais conduit
conduisons	tu conduirais	tu aurais conduit
conduisez	il conduirait	il aurait conduit
	nous conduirions	nous aurions conduit
	vous conduiriez	vous auriez conduit
	ils conduiraient	ils auraient conduit

SUBJUNCTIVE

PRESENT	IMPERFECT	PERFECT
je conduise	je conduisisse	j'aie conduit
tu conduises	tu conduisisses	tu aies conduit
il conduise	il conduisît	il ait conduit
nous conduisions	nous conduisissions	nous ayons conduit
vous conduisiez	vous conduisissiez	vous ayez conduit
ils conduisent	ils conduisissent	ils aient conduit

INFINITIVE	PARTICIPLE
PRESENT	PRESENT
conduire	conduisant
PAST	PAST
avoir conduit	conduit

CONFIRE
to preserve

PRESENT	IMPERFECT	FUTURE
je confis	je confisais	je confirai
tu confis	tu confisais	tu confiras
il confit	il confisait	il confira
nous confisons	nous confisions	nous confirons
vous confisez	vous confisiez	vous confirez
ils confisent	ils confisaient	ils confiront

PAST HISTORIC	PERFECT	PLUPERFECT
je confis	j'ai confit	j'avais confit
tu confis	tu as confit	tu avais confit
il confit	il a confit	il avait confit
nous confîmes	nous avons confit	nous avions confit
vous confîtes	vous avez confit	vous aviez confit
ils confirent	ils ont confit	ils avaient confit

PAST ANTERIOR	FUTURE PERFECT
j'eus confit etc	j'aurai confit etc

IMPERATIVE	CONDITIONAL	
	PRESENT	PAST
confis	je confirais	j'aurais confit
confisons	tu confirais	tu aurais confit
confisez	il confirait	il aurait confit
	nous confirions	nous aurions confit
	vous confiriez	vous auriez confit
	ils confiraient	ils auraient confit

SUBJUNCTIVE

PRESENT	IMPERFECT	PERFECT
je confise	je confisse	j'aie confit
tu confises	tu confisses	tu aies confit
il confise	il confît	il ait confit
nous confisions	nous confissions	nous ayons confit
vous confisiez	vous confissiez	vous ayez confit
ils confisent	ils confissent	ils aient confit

INFINITIVE	PARTICIPLE
PRESENT	PRESENT
confire	confisant
PAST	PAST
avoir confit	confit

CONNAITRE
to know

PRESENT	**IMPERFECT**	**FUTURE**
je connais	je connaissais	je connaîtrai
tu connais	tu connaissais	tu connaîtras
il connaît	il connaissait	il connaîtra
nous connaissons	nous connaissions	nous connaîtrons
vous connaissez	vous connaissiez	vous connaîtrez
ils connaissent	ils connaissaient	ils connaîtront

PAST HISTORIC	**PERFECT**	**PLUPERFECT**
je connus	j'ai connu	j'avais connu
tu connus	tu as connu	tu avais connu
il connut	il a connu	il avait connu
nous connûmes	nous avons connu	nous avions connu
vous connûtes	vous avez connu	vous aviez connu
ils connurent	ils ont connu	ils avaient connu

PAST ANTERIOR	**FUTURE PERFECT**
j'eus connu etc	j'aurai connu etc

IMPERATIVE	**CONDITIONAL**	
	PRESENT	**PAST**
connais	je connaîtrais	j'aurais connu
connaissons	tu connaîtrais	tu aurais connu
connaissez	il connaîtrait	il aurait connu
	nous connaîtrions	nous aurions connu
	vous connaîtriez	vous auriez connu
	ils connaîtraient	ils auraient connu

SUBJUNCTIVE

PRESENT	**IMPERFECT**	**PERFECT**
je connaisse	je connusse	j'aie connu
tu connaisses	tu connusses	tu aies connu
il connaisse	il connût	il ait connu
nous connaissions	nous connussions	nous ayons connu
vous connaissiez	vous connussiez	vous ayez connu
ils connaissent	ils connussent	ils aient connu

INFINITIVE	**PARTICIPLE**
PRESENT	**PRESENT**
connaître	connaissant
PAST	**PAST**
avoir connu	connu

41

CONSEILLER
to advise

PRESENT	IMPERFECT	FUTURE
je conseille	je conseillais	je conseillerai
tu conseilles	tu conseillais	tu conseilleras
il conseille	il conseillait	il conseillera
nous conseillons	nous conseillions	nous conseillerons
vous conseillez	vous conseilliez	vous conseillerez
ils conseillent	ils conseillaient	ils conseilleront

PAST HISTORIC	PERFECT	PLUPERFECT
je conseillai	j'ai conseillé	j'avais conseillé
tu conseillas	tu as conseillé	tu avais conseillé
il conseilla	il a conseillé	il avait conseillé
nous conseillâmes	nous avons conseillé	nous avions conseillé
vous conseillâtes	vous avez conseillé	vous aviez conseillé
ils conseillèrent	ils ont conseillé	ils avaient conseillé

PAST ANTERIOR	FUTURE PERFECT
j'eus conseillé etc	j'aurai conseillé etc

IMPERATIVE	CONDITIONAL	
	PRESENT	PAST
conseille	je conseillerais	j'aurais conseillé
conseillons	tu conseillerais	tu aurais conseillé
conseillez	il conseillerait	il aurait conseillé
	nous conseillerions	nous aurions conseillé
	vous conseilleriez	vous auriez conseillé
	ils conseilleraient	ils auraient conseillé

SUBJUNCTIVE		
PRESENT	IMPERFECT	PERFECT
je conseille	je conseillasse	j'aie conseillé
tu conseilles	tu conseillasses	tu aies conseillé
il conseille	il conseillât	il ait conseillé
nous conseillions	nous conseillassions	nous ayons conseillé
vous conseilliez	vous conseillassiez	vous ayez conseillé
ils conseillent	ils conseillassent	ils aient conseillé

INFINITIVE	PARTICIPLE
PRESENT	PRESENT
conseiller	conseillant
PAST	PAST
avoir conseillé	conseillé

COUDRE
to sew

PRESENT

je couds
tu couds
il coud
nous cousons
vous cousez
ils cousent

IMPERFECT

je cousais
tu cousais
il cousait
nous cousions
vous cousiez
ils cousaient

FUTURE

je coudrai
tu coudras
il coudra
nous coudrons
vous coudrez
ils coudront

PAST HISTORIC

je cousis
tu cousis
il cousit
nous cousîmes
vous cousîtes
ils cousirent

PERFECT

j'ai cousu
tu as cousu
il a cousu
nous avons cousu
vous avez cousu
ils ont cousu

PLUPERFECT

j'avais cousu
tu avais cousu
il avait cousu
nous avions cousu
vous aviez cousu
ils avaient cousu

PAST ANTERIOR

j'eus cousu etc

FUTURE PERFECT

j'aurai cousu etc

IMPERATIVE

couds
cousons
cousez

CONDITIONAL

PRESENT

je coudrais
tu coudrais
il coudrait
nous coudrions
vous coudriez
ils coudraient

PAST

j'aurais cousu
tu aurais cousu
il aurait cousu
nous aurions cousu
vous auriez cousu
ils auraient cousu

SUBJUNCTIVE

PRESENT

je couse
tu couses
il couse
nous cousions
vous cousiez
ils cousent

IMPERFECT

je cousisse
tu cousisses
il cousît
nous cousissions
vous cousissiez
ils cousissent

PERFECT

j'aie cousu
tu aies cousu
il ait cousu
nous ayons cousu
vous ayez cousu
ils aient cousu

INFINITIVE

PRESENT

coudre

PAST

avoir cousu

PARTICIPLE

PRESENT

cousant

PAST

cousu

COURIR
to run

PRESENT	IMPERFECT	FUTURE
je cours	je courais	je courrai
tu cours	tu courais	tu courras
il court	il courait	il courra
nous courons	nous courions	nous courrons
vous courez	vous couriez	vous courrez
ils courent	ils couraient	ils courront

PAST HISTORIC	PERFECT	PLUPERFECT
je courus	j'ai couru	j'avais couru
tu courus	tu as couru	tu avais couru
il courut	il a couru	il avait couru
nous courûmes	nous avons couru	nous avions couru
vous courûtes	vous avez couru	vous aviez couru
ils coururent	ils ont couru	ils avaient couru

PAST ANTERIOR	FUTURE PERFECT
j'eus couru etc	j'aurai couru etc

IMPERATIVE	CONDITIONAL	
	PRESENT	PAST
cours	je courrais	j'aurais couru
courons	tu courrais	tu aurais couru
courez	il courrait	il aurait couru
	nous courrions	nous aurions couru
	vous courriez	vous auriez couru
	ils courraient	ils auraient couru

SUBJUNCTIVE

PRESENT	IMPERFECT	PERFECT
je coure	je courusse	j'aie couru
tu coures	tu courusses	tu aies couru
il coure	il courût	il ait couru
nous courions	nous courussions	nous ayons couru
vous couriez	vous courussiez	vous ayez couru
ils courent	ils courussent	ils aient couru

INFINITIVE	PARTICIPLE	NOTE
PRESENT	PRESENT	accourir: *auxiliary* avoir *or* être
courir	courant	
PAST	PAST	
avoir couru	couru	

COUVRIR
to cover

PRESENT

je couvre
tu couvres
il couvre
nous couvrons
vous couvrez
ils couvrent

IMPERFECT

je couvrais
tu couvrais
il couvrait
nous couvrions
vous couvriez
ils couvraient

FUTURE

je couvrirai
tu couvriras
il couvrira
nous couvrirons
vous couvrirez
ils couvriront

PAST HISTORIC

je couvris
tu couvris
il couvrit
nous couvrîmes
vous couvrîtes
ils couvrirent

PERFECT

j'ai couvert
tu as couvert
il a couvert
nous avons couvert
vous avez couvert
ils ont couvert

PLUPERFECT

j'avais couvert
tu avais couvert
il avait couvert
nous avions couvert
vous aviez couvert
ils avaient couvert

PAST ANTERIOR

j'eus couvert etc

FUTURE PERFECT

j'aurai couvert etc

IMPERATIVE

couvre
couvrons
couvrez

CONDITIONAL

PRESENT

je couvrirais
tu couvrirais
il couvrirait
nous couvririons
vous couvririez
ils couvriraient

PAST

j'aurais couvert
tu aurais couvert
il aurait couvert
nous aurions couvert
vous auriez couvert
ils auraient couvert

SUBJUNCTIVE

PRESENT

je couvre
tu couvres
il couvre
nous couvrions
vous couvriez
ils couvrent

IMPERFECT

je couvrisse
tu couvrisses
il couvrît
nous couvrissions
vous couvrissiez
ils couvrissent

PERFECT

j'aie couvert
tu aies couvert
il ait couvert
nous ayons couvert
vous ayez couvert
ils aient couvert

INFINITIVE

PRESENT

couvrir

PAST

avoir couvert

PARTICIPLE

PRESENT

couvrant

PAST

couvert

CRAINDRE
to fear

PRESENT

je crains
tu crains
il craint
nous craignons
vous craignez
ils craignent

IMPERFECT

je craignais
tu craignais
il craignait
nous craignions
vous craigniez
ils craignaient

FUTURE

je craindrai
tu craindras
il craindra
nous craindrons
vous craindrez
ils craindront

PAST HISTORIC

je craignis
tu craignis
il craignit
nous craignîmes
vous craignîtes
ils craignirent

PERFECT

j'ai craint
tu as craint
il a craint
nous avons craint
vous avez craint
ils ont craint

PLUPERFECT

j'avais craint
tu avais craint
il avait craint
nous avions craint
vous aviez craint
ils avaient craint

PAST ANTERIOR

j'eus craint etc

FUTURE PERFECT

j'aurai craint etc

IMPERATIVE

crains
craignons
craignez

CONDITIONAL

PRESENT

je craindrais
tu craindrais
il craindrait
nous craindrions
vous craindriez
ils craindraient

PAST

j'aurais craint
tu aurais craint
il aurait craint
nous aurions craint
vous auriez craint
ils auraient craint

SUBJUNCTIVE

PRESENT

je craigne
tu craignes
il craigne
nous craignions
vous craigniez
ils craignent

IMPERFECT

je craignisse
tu craignisses
il craignît
nous craignissions
vous craignissiez
ils craignissent

PERFECT

j'aie craint
tu aies craint
il ait craint
nous ayons craint
vous ayez craint
ils aient craint

INFINITIVE

PRESENT

craindre

PAST

avoir craint

PARTICIPLE

PRESENT

craignant

PAST

craint

CREER
to create

PRESENT	IMPERFECT	FUTURE
je crée	je créais	je créerai
tu crées	tu créais	tu créeras
il crée	il créait	il créera
nous créons	nous créions	nous créerons
vous créez	vous créiez	vous créerez
ils créent	ils créaient	ils créeront

PAST HISTORIC	PERFECT	PLUPERFECT
je créai	j'ai créé	j'avais créé
tu créas	tu as créé	tu avais créé
il créa	il a créé	il avait créé
nous créâmes	nous avons créé	nous avions créé
vous créâtes	vous avez créé	vous aviez créé
ils créèrent	ils ont créé	ils avaient créé

PAST ANTERIOR	FUTURE PERFECT
j'eus créé etc	j'aurai créé etc

IMPERATIVE	CONDITIONAL	
	PRESENT	PAST
crée	je créerais	j'aurais créé
créons	tu créerais	tu aurais créé
créez	il créerait	il aurait créé
	nous créerions	nous aurions créé
	vous créeriez	vous auriez créé
	ils créeraient	ils auraient créé

SUBJUNCTIVE

PRESENT	IMPERFECT	PERFECT
je crée	je créasse	j'aie créé
tu crées	tu créasses	tu aies créé
il crée	il créât	il ait créé
nous créions	nous créassions	nous ayons créé
vous créiez	vous créassiez	vous ayez créé
ils créent	ils créassent	ils aient créé

INFINITIVE	PARTICIPLE
PRESENT	PRESENT
créer	créant
PAST	PAST
avoir créé	créé

CRIER
to shout

PRESENT	IMPERFECT	FUTURE
je crie	je criais	je crierai
tu cries	tu criais	tu crieras
il crie	il criait	il criera
nous crions	nous criions	nous crierons
vous criez	vous criiez	vous crierez
ils crient	ils criaient	ils crieront

PAST HISTORIC	PERFECT	PLUPERFECT
je criai	j'ai crié	j'avais crié
tu crias	tu as crié	tu avais crié
il cria	il a crié	il avait crié
nous criâmes	nous avons crié	nous avions crié
vous criâtes	vous avez crié	vous aviez crié
ils crièrent	ils ont crié	ils avaient crié

PAST ANTERIOR	FUTURE PERFECT
j'eus crié etc	j'aurai crié etc

IMPERATIVE	CONDITIONAL	
	PRESENT	PAST
crie	je crierais	j'aurais crié
crions	tu crierais	tu aurais crié
criez	il crierait	il aurait crié
	nous crierions	nous aurions crié
	vous crieriez	vous auriez crié
	ils crieraient	ils auraient crié

SUBJUNCTIVE

PRESENT	IMPERFECT	PERFECT
je crie	je criasse	j'aie crié
tu cries	tu criasses	tu aies crié
il crie	il criât	il ait crié
nous criions	nous criassions	nous ayons crié
vous criiez	vous criassiez	vous ayez crié
ils crient	ils criassent	ils aient crié

INFINITIVE	PARTICIPLE
PRESENT	PRESENT
crier	criant
PAST	PAST
avoir crié	crié

CROIRE
to believe

PRESENT	**IMPERFECT**	**FUTURE**
je crois	je croyais	je croirai
tu crois	tu croyais	tu croiras
il croit	il croyait	il croira
nous croyons	nous croyions	nous croirons
vous croyez	vous croyiez	vous croirez
ils croient	ils croyaient	ils croiront

PAST HISTORIC	**PERFECT**	**PLUPERFECT**
je crus	j'ai cru	j'avais cru
tu crus	tu as cru	tu avais cru
il crut	il a cru	il avait cru
nous crûmes	nous avons cru	nous avions cru
vous crûtes	vous avez cru	vous aviez cru
ils crurent	ils ont cru	ils avaient cru

PAST ANTERIOR	**FUTURE PERFECT**
j'eus cru etc	j'aurai cru etc

IMPERATIVE	*CONDITIONAL*	
	PRESENT	**PAST**
crois	je croirais	j'aurais cru
croyons	tu croirais	tu aurais cru
croyez	il croirait	il aurait cru
	nous croirions	nous aurions cru
	vous croiriez	vous auriez cru
	ils croiraient	ils auraient cru

SUBJUNCTIVE

PRESENT	**IMPERFECT**	**PERFECT**
je croie	je crusse	j'aie cru
tu croies	tu crusses	tu aies cru
il croie	il crût	il ait cru
nous croyions	nous crussions	nous ayons cru
vous croyiez	vous crussiez	vous ayez cru
ils croient	ils crussent	ils aient cru

INFINITIVE	*PARTICIPLE*
PRESENT	**PRESENT**
croire	croyant
PAST	**PAST**
avoir cru	cru

CROITRE
to grow

PRESENT	IMPERFECT	FUTURE
je croîs	je croissais	je croîtrai
tu croîs	tu croissais	tu croîtras
il croît	il croissait	il croîtra
nous croissons	nous croissions	nous croîtrons
vous croissez	vous croissiez	vous croîtrez
ils croissent	ils croissaient	ils croîtront

PAST HISTORIC	PERFECT	PLUPERFECT
je crûs	j'ai crû	j'avais crû
tu crûs	tu as crû	tu avais crû
il crût	il a crû	il avait crû
nous crûmes	nous avons crû	nous avions crû
vous crûtes	vous avez crû	vous aviez crû
ils crûrent	ils ont crû	ils avaient crû

PAST ANTERIOR	FUTURE PERFECT
j'eus crû etc	j'aurai crû etc

IMPERATIVE	CONDITIONAL	
	PRESENT	PAST
croîs	je croîtrais	j'aurais crû
croissons	tu croîtrais	tu aurais crû
croissez	il croîtrait	il aurait crû
	nous croîtrions	nous aurions crû
	vous croîtriez	vous auriez crû
	ils croîtraient	ils auraient crû

SUBJUNCTIVE

PRESENT	IMPERFECT	PERFECT
je croisse	je crûsse	j'aie crû
tu croisses	tu crûsses	tu aies crû
il croisse	il crût	il ait crû
nous croissions	nous crûssions	nous ayons crû
vous croissiez	vous crûssiez	vous ayez crû
ils croissent	ils crûssent	ils aient crû

INFINITIVE	PARTICIPLE
PRESENT	PRESENT
croître	croissant
PAST	PAST
avoir crû	crû (crue, crus)

CUEILLIR
to pick

50

PRESENT

je cueille
tu cueilles
il cueille
nous cueillons
vous cueillez
ils cueillent

IMPERFECT

je cueillais
tu cueillais
il cueillait
nous cueillions
vous cueilliez
ils cueillaient

FUTURE

je cueillerai
tu cueilleras
il cueillera
nous cueillerons
vous cueillerez
ils cueilleront

PAST HISTORIC ·

je cueillis
tu cueillis
il cueillit
nous cueillîmes
vous cueillîtes
ils cueillirent

PERFECT

j'ai cueilli
tu as cueilli
il a cueilli
nous avons cueilli
vous avez cueilli
ils ont cueilli

PLUPERFECT

j'avais cueilli
tu avais cueilli
il avait cueilli
nous avions cueilli
vous aviez cueilli
ils avaient cueilli

PAST ANTERIOR

j'eus cueilli etc

FUTURE PERFECT

j'aurai cueilli etc

IMPERATIVE

cueille
cueillons
cueillez

CONDITIONAL

PRESENT

je cueillerais
tu cueillerais
il cueillerait
nous cueillerions
vous cueilleriez
ils cueilleraient

PAST

j'aurais cueilli
tu aurais cueilli
il aurait cueilli
nous aurions cueilli
vous auriez cueilli
ils auraient cueilli

SUBJUNCTIVE

PRESENT

je cueille
tu cueilles
il cueille
nous cueillions
vous cueilliez
ils cueillent

IMPERFECT

je cueillisse
tu cueillisses
il cueillît
nous cueillissions
vous cueillissiez
ils cueillissent

PERFECT

j'aie cueilli
tu aies cueilli
il ait cueilli
nous ayons cueilli
vous ayez cueilli
ils aient cueilli

INFINITIVE

PRESENT

cueillir

PAST

avoir cueilli

PARTICIPLE

PRESENT

cueillant

PAST

cueilli

CUIRE
to cook

PRESENT	IMPERFECT	FUTURE
je cuis	je cuisais	je cuirai
tu cuis	tu cuisais	tu cuiras
il cuit	il cuisait	il cuira
nous cuisons	nous cuisions	nous cuirons
vous cuisez	vous cuisiez	vous cuirez
ils cuisent	ils cuisaient	ils cuiront

PAST HISTORIC	PERFECT	PLUPERFECT
je cuisis	j'ai cuit	j'avais cuit
tu cuisis	tu as cuit	tu avais cuit
il cuisit	il a cuit	il avait cuit
nous cuisîmes	nous avons cuit	nous avions cuit
vous cuisîtes	vous avez cuit	vous aviez cuit
ils cuisirent	ils ont cuit	ils avaient cuit

PAST ANTERIOR	FUTURE PERFECT
j'eus cuit etc	j'aurai cuit etc

IMPERATIVE	CONDITIONAL	
	PRESENT	PAST
cuis	je cuirais	j'aurais cuit
cuisons	tu cuirais	tu aurais cuit
cuisez	il cuirait	il aurait cuit
	nous cuirions	nous aurions cuit
	vous cuiriez	vous auriez cuit
	ils cuiraient	ils auraient cuit

SUBJUNCTIVE

PRESENT	IMPERFECT	PERFECT
je cuise	je cuisisse	j'aie cuit
tu cuises	tu cuisisses	tu aies cuit
il cuise	il cuisît	il ait cuit
nous cuisions	nous cuisissions	nous ayons cuit
vous cuisiez	vous cuisissiez	vous ayez cuit
ils cuisent	ils cuisissent	ils aient cuit

INFINITIVE	PARTICIPLE
PRESENT	PRESENT
cuire	cuisant
PAST	PAST
avoir cuit	cuit

PRESENT

je déchois
tu déchois
il déchoit
nous déchoyons
vous déchoyez
ils déchoient

IMPERFECT

FUTURE

je déchoirai
tu déchoiras
il déchoira
nous déchoirons
vous déchoirez
ils déchoiront

PAST HISTORIC

je déchus
tu déchus
il déchut
nous déchûmes
vous déchûtes
ils déchurent

PERFECT

j'ai déchu
tu as déchu
il a déchu
nous avons déchu
vous avez déchu
ils ont déchu

PLUPERFECT

j'avais déchu
tu avais déchu
il avait déchu
nous avions déchu
vous aviez déchu
ils avaient déchu

PAST ANTERIOR

j'eus déchu etc

FUTURE PERFECT

j'aurai déchu etc

IMPERATIVE

CONDITIONAL

PRESENT

je déchoirais
tu déchoirais
il déchoirait
nous déchoirions
vous déchoiriez
ils déchoiraient

PAST

j'aurais déchu
tu aurais déchu
il aurait déchu
nous aurions déchu
vous auriez déchu
ils auraient déchu

SUBJUNCTIVE

PRESENT

je déchoie
tu déchoies
il déchoie
nous déchoyions
vous déchoyiez
ils déchoient

IMPERFECT

je déchusse
tu déchusses
il déchût
nous déchussions
vous déchussiez
ils déchussent

PERFECT

j'aie déchu
tu aies déchu
il ait déchu
nous ayons déchu
vous ayez déchu
ils aient déchu

INFINITIVE

PRESENT

déchoir

PAST

avoir déchu

PARTICIPLE

PRESENT

PAST

déchu

NOTE

can also take auxiliary
être

53

DECOUVRIR
to discover

PRESENT
je découvre
tu découvres
il découvre
nous découvrons
vous découvrez
ils découvrent

IMPERFECT
je découvrais
tu découvrais
il découvrait
nous découvrions
vous découvriez
ils découvraient

FUTURE
je découvrirai
tu découvriras
il découvrira
nous découvrirons
vous découvrirez
ils découvriront

PAST HISTORIC
je découvris
tu découvris
il découvrit
nous découvrîmes
vous découvrîtes
ils découvrirent

PERFECT
j'ai découvert
tu as découvert
il a découvert
nous avons découvert
vous avez découvert
ils ont découvert

PLUPERFECT
j'avais découvert
tu avais découvert
il avait découvert
nous avions découvert
vous aviez découvert
ils avaient découvert

PAST ANTERIOR
j'eus découvert etc

FUTURE PERFECT
j'aurai découvert etc

IMPERATIVE

découvre
découvrons
découvrez

CONDITIONAL
PRESENT
je découvrirais
tu découvrirais
il découvrirait
nous découvririons
vous découvririez
ils découvriraient

PAST
j'aurais découvert
tu aurais découvert
il aurait découvert
nous aurions découvert
vous auriez découvert
ils auraient découvert

SUBJUNCTIVE
PRESENT
je découvre
tu découvres
il découvre
nous découvrions
vous découvriez
ils découvrent

IMPERFECT
je découvrisse
tu découvrisses
il découvrît
nous découvrissions
vous découvrissiez
ils découvrissent

PERFECT
j'aie découvert
tu aies découvert
il ait découvert
nous ayons découvert
vous ayez découvert
ils aient découvert

INFINITIVE
PRESENT
découvrir

PAST
avoir découvert

PARTICIPLE
PRESENT
découvrant

PAST
découvert

DECRIRE
to describe

54

PRESENT	IMPERFECT	FUTURE
je décris	je décrivais	je décrirai
tu décris	tu décrivais	tu décriras
il décrit	il décrivait	il décrira
nous décrivons	nous décrivions	nous décrirons
vous décrivez	vous décriviez	vous décrirez
ils décrivent	ils décrivaient	ils décriront

PAST HISTORIC	PERFECT	PLUPERFECT
je décrivis	j'ai décrit	j'avais décrit
tu décrivis	tu as décrit	tu avais décrit
il décrivit	il a décrit	il avait décrit
nous décrivîmes	nous avons décrit	nous avions décrit
vous décrivîtes	vous avez décrit	vous aviez décrit
ils décrivirent	ils ont décrit	ils avaient décrit

PAST ANTERIOR	FUTURE PERFECT
j'eus décrit etc	j'aurai décrit etc

IMPERATIVE	CONDITIONAL	
	PRESENT	**PAST**
décris	je décrirais	j'aurais décrit
décrivons	tu décrirais	tu aurais décrit
décrivez	il décrirait	il aurait décrit
	nous décririons	nous aurions décrit
	vous décririez	vous auriez décrit
	ils décriraient	ils auraient décrit

SUBJUNCTIVE

PRESENT	IMPERFECT	PERFECT
je décrive	je décrivisse	j'aie décrit
tu décrives	tu décrivisses	tu aies décrit
il décrive	il décrivît	il ait décrit
nous décrivions	nous décrivissions	nous ayons décrit
vous décriviez	vous décrivissiez	vous ayez décrit
ils décrivent	ils décrivissent	ils aient décrit

INFINITIVE	PARTICIPLE
PRESENT	**PRESENT**
décrire	décrivant
PAST	**PAST**
avoir décrit	décrit

55 DÉFAILLIR
to faint

PRESENT	IMPERFECT	FUTURE
je défaille	je défaillais	je défaillirai
tu défailles	tu défaillais	tu défailliras
il défaille	il défaillait	il défaillira
nous défaillons	nous défaillions	nous défaillirons
vous défaillez	vous défailliez	vous défaillirez
ils défaillent	ils défaillaient	ils défailliront

PAST HISTORIC	PERFECT	PLUPERFECT
je défaillis	j'ai défailli	j'avais défailli
tu défaillis	tu as défailli	tu avais défailli
il défaillit	il a défailli	il avait défailli
nous défaillîmes	nous avons défailli	nous avions défailli
vous défaillîtes	vous avez défailli	vous aviez défailli
ils défaillirent	ils ont défailli	ils avaient défailli

PAST ANTERIOR	FUTURE PERFECT
j'eus défailli etc	j'aurai défailli etc

IMPERATIVE	CONDITIONAL	
	PRESENT	PAST
défaille	je défaillirais	j'aurais défailli
défaillons	tu défaillirais	tu aurais défailli
défaillez	il défaillirait	il aurait défailli
	nous défaillirions	nous aurions défailli
	vous défailliriez	vous auriez défailli
	ils défailliraient	ils auraient défailli

SUBJUNCTIVE

PRESENT	IMPERFECT	PERFECT
je défaille	je défaillisse	j'aie défailli
tu défailles	tu défaillisses	tu aies défailli
il défaille	il défaillît	il ait défailli
nous défaillions	nous défaillissions	nous ayons défailli
vous défailliez	vous défaillissiez	vous ayez défailli
ils défaillent	ils défaillissent	ils aient défailli

INFINITIVE	PARTICIPLE
PRESENT	PRESENT
défaillir	défaillant
PAST	PAST
avoir défailli	défailli

DEFENDRE
to defend, to forbid

PRESENT	IMPERFECT	FUTURE
je défends	je défendais	je défendrai
tu défends	tu défendais	tu défendras
il défend	il défendait	il défendra
nous défendons	nous défendions	nous défendrons
vous défendez	vous défendiez	vous défendrez
ils défendent	ils défendaient	ils défendront

PAST HISTORIC	PERFECT	PLUPERFECT
je défendis	j'ai défendu	j'avais défendu
tu défendis	tu as défendu	tu avais défendu
il défendit	il a défendu	il avait défendu
nous défendîmes	nous avons défendu	nous avions défendu
vous défendîtes	vous avez défendu	vous aviez défendu
ils défendirent	ils ont défendu	ils avaient défendu

PAST ANTERIOR	FUTURE PERFECT
j'eus défendu etc	j'aurai défendu etc

IMPERATIVE	CONDITIONAL	
	PRESENT	PAST
défends	je défendrais	j'aurais défendu
défendons	tu défendrais	tu aurais défendu
défendez	il défendrait	il aurait défendu
	nous défendrions	nous aurions défendu
	vous défendriez	vous auriez défendu
	ils défendraient	ils auraient défendu

SUBJUNCTIVE

PRESENT	IMPERFECT	PERFECT
je défende	je défendisse	j'aie défendu
tu défendes	tu défendisses	tu aies défendu
il défende	il défendît	il ait défendu
nous défendions	nous défendissions	nous ayons défendu
vous défendiez	vous défendissiez	vous ayez défendu
ils défendent	ils défendissent	ils aient défendu

INFINITIVE	PARTICIPLE
PRESENT	PRESENT
défendre	défendant
PAST	PAST
avoir défendu	défendu

57 DEMONTER
to dismantle

PRESENT	IMPERFECT	FUTURE
je démonte	je démontais	je démonterai
tu démontes	tu démontais	tu démonteras
il démonte	il démontait	il démontera
nous démontons	nous démontions	nous démonterons
vous démontez	vous démontiez	vous démonterez
ils démontent	ils démontaient	ils démonteront

PAST HISTORIC	PERFECT	PLUPERFECT
je démontai	j'ai démonté	j'avais démonté
tu démontas	tu as démonté	tu avais démonté
il démonta	il a démonté	il avait démonté
nous démontâmes	nous avons démonté	nous avions démonté
vous démontâtes	vous avez démonté	vous aviez démonté
ils démontèrent	ils ont démonté	ils avaient démonté

PAST ANTERIOR	FUTURE PERFECT
j'eus démonté etc	j'aurai démonté etc

IMPERATIVE	CONDITIONAL	
	PRESENT	PAST
démonte	je démonterais	j'aurais démonté
démontons	tu démonterais	tu aurais démonté
démontez	il démonterait	il aurait démonté
	nous démonterions	nous aurions démonté
	vous démonteriez	vous auriez démonté
	ils démonteraient	ils auraient démonté

SUBJUNCTIVE

PRESENT	IMPERFECT	PERFECT
je démonte	je démontasse	j'aie démonté
tu démontes	tu démontasses	tu aies démonté
il démonte	il démontât	il ait démonté
nous démontions	nous démontassions	nous ayons démonté
vous démontiez	vous démontassiez	vous ayez démonté
ils démontent	ils démontassent	ils aient démonté

INFINITIVE	PARTICIPLE
PRESENT	PRESENT
démonter	démontant
PAST	PAST
avoir démonté	démonté

DEPECER

to cut up

PRESENT	IMPERFECT	FUTURE
je dépèce	je dépeçais	je dépècerai
tu dépèces	tu dépeçais	tu dépèceras
il dépèce	il dépeçait	il dépècera
nous dépeçons	nous dépecions	nous dépècerons
vous dépecez	vous dépeciez	vous dépècerez
ils dépècent	ils dépeçaient	ils dépèceront

PAST HISTORIC	PERFECT	PLUPERFECT
je dépeçai	j'ai dépecé	j'avais dépecé
tu dépeças	tu as dépecé	tu avais dépecé
il dépeça	il a dépecé	il avait dépecé
nous dépeçâmes	nous avons dépecé	nous avions dépecé
vous dépeçâtes	vous avez dépecé	vous aviez dépecé
ils dépecèrent	ils ont dépecé	ils avaient dépecé

PAST ANTERIOR	FUTURE PERFECT
j'eus dépecé etc	j'aurai dépecé etc

IMPERATIVE	CONDITIONAL	
	PRESENT	PAST
dépèce	je dépècerais	j'aurais dépecé
dépeçons	tu dépècerais	tu aurais dépecé
dépecez	il dépècerait	il aurait dépecé
	nous dépècerions	nous aurions dépecé
	vous dépèceriez	vous auriez dépecé
	ils dépèceraient	ils auraient dépecé

SUBJUNCTIVE

PRESENT	IMPERFECT	PERFECT
je dépèce	je dépeçasse	j'aie dépecé
tu dépèces	tu dépeçasses	tu aies dépecé
il dépèce	il dépeçât	il ait dépecé
nous dépecions	nous dépeçassions	nous ayons dépecé
vous dépeciez	vous dépeçassiez	vous ayez dépecé
ils dépècent	ils dépeçassent	ils aient dépecé

INFINITIVE	PARTICIPLE
PRESENT	PRESENT
dépecer	dépeçant
PAST	PAST
avoir dépecé	dépecé

DESCENDRE
to go down

PRESENT	IMPERFECT	FUTURE
je descends	je descendais	je descendrai
tu descends	tu descendais	tu descendras
il descend	il descendait	il descendra
nous descendons	nous descendions	nous descendrons
vous descendez	vous descendiez	vous descendrez
ils descendent	ils descendaient	ils descendront

PAST HISTORIC	PERFECT	PLUPERFECT
je descendis	je suis descendu	j'étais descendu
tu descendis	tu es descendu	tu étais descendu
il descendit	il est descendu	il était descendu
nous descendîmes	nous sommes descendus	nous étions descendus
vous descendîtes	vous êtes descendu(s)	vous étiez descendu(s)
ils descendirent	ils sont descendus	ils étaient descendus

PAST ANTERIOR	FUTURE PERFECT
je fus descendu etc	je serai descendu etc

IMPERATIVE	CONDITIONAL	
	PRESENT	PAST
descends	je descendrais	je serais descendu
descendons	tu descendrais	tu serais descendu
descendez	il descendrait	il serait descendu
	nous descendrions	nous serions descendus
	vous descendriez	vous seriez descendu(s)
	ils descendraient	ils seraient descendus

SUBJUNCTIVE

PRESENT	IMPERFECT	PERFECT
je descende	je descendisse	je sois descendu
tu descendes	tu descendisses	tu sois descendu
il descende	il descendît	il soit descendu
nous descendions	nous descendissions	nous soyons descendus
vous descendiez	vous descendissiez	vous soyez descendu(s)
ils descendent	ils descendissent	ils soient descendus

INFINITIVE	PARTICIPLE	NOTE
PRESENT	PRESENT	auxiliary avoir when transitive
descendre	descendant	
PAST	PAST	
être descendu	descendu	

DETRUIRE
to destroy

60

PRESENT

je détruis
tu détruis
il détruit
nous détruisons
vous détruisez
ils détruisent

IMPERFECT

je détruisais
tu détruisais
il détruisait
nous détruisions
vous détruisiez
ils détruisaient

FUTURE

je détruirai
tu détruiras
il détruira
nous détruirons
vous détruirez
ils détruiront

PAST HISTORIC

je détruisis
tu détruisis
il détruisit
nous détruisîmes
vous détruisites
ils détruisirent

PERFECT

j'ai détruit
tu as détruit
il a détruit
nous avons détruit
vous avez détruit
ils ont détruit

PLUPERFECT

j'avais détruit
tu avais détruit
il avait détruit
nous avions détruit
vous aviez détruit
ils avaient détruit

PAST ANTERIOR

j'eus détruit etc

FUTURE PERFECT

j'aurai détruit etc

IMPERATIVE

détruis
détruisons
détruisez

CONDITIONAL

PRESENT

je détruirais
tu détruirais
il détruirait
nous détruirions
vous détruiriez
ils détruiraient

PAST

j'aurais détruit
tu aurais détruit
il aurait détruit
nous aurions détruit
vous auriez détruit
ils auraient détruit

SUBJUNCTIVE

PRESENT

je détruise
tu détruises
il détruise
nous détruisions
vous détruisiez
ils détruisent

IMPERFECT

je détruisisse
tu détruisisses
il détruisît
nous détruisissions
vous détruisissiez
ils détruisissent

PERFECT

j'aie détruit
tu aies détruit
il ait détruit
nous ayons détruit
vous ayez détruit
ils aient détruit

INFINITIVE

PRESENT

détruire

PAST

avoir détruit

PARTICIPLE

PRESENT

détruisant

PAST

détruit

61

DEVENIR
to become

PRESENT	**IMPERFECT**	**FUTURE**
je deviens	je devenais	je deviendrai
tu deviens	tu devenais	tu deviendras
il devient	il devenait	il deviendra
nous devenons	nous devenions	nous deviendrons
vous devenez	vous deveniez	vous deviendrez
ils deviennent	ils devenaient	ils deviendront

PAST HISTORIC	**PERFECT**	**PLUPERFECT**
je devins	je suis devenu	j'étais devenu
tu devins	tu es devenu	tu étais devenu
il devint	il est devenu	il était devenu
nous devînmes	nous sommes devenus	nous étions devenus
vous devîntes	vous êtes devenu(s)	vous étiez devenu(s)
ils devinrent	ils sont devenus	ils étaient devenus

PAST ANTERIOR	**FUTURE PERFECT**
je fus devenu etc	je serai devenu etc

IMPERATIVE	*CONDITIONAL*	
	PRESENT	**PAST**
deviens	je deviendrais	je serais devenu
devenons	tu deviendrais	tu serais devenu
devenez	il deviendrait	il serait devenu
	nous deviendrions	nous serions devenus
	vous deviendriez	vous seriez devenu(s)
	ils deviendraient	ils seraient devenus

SUBJUNCTIVE		
PRESENT	**IMPERFECT**	**PERFECT**
je devienne	je devinsse	je sois devenu
tu deviennes	tu devinsses	tu sois devenu
il devienne	il devînt	il soit devenu
nous devenions	nous devinssions	nous soyons devenus
vous deveniez	vous devinssiez	vous soyez devenu(s)
ils deviennent	ils devinssent	ils soient devenus

INFINITIVE	*PARTICIPLE*
PRESENT	**PRESENT**
devenir	devenant
PAST	**PAST**
être devenu	devenu

DEVOIR
to have to

PRESENT	IMPERFECT	FUTURE
je dois	je devais	je devrai
tu dois	tu devais	tu devras
il doit	il devait	il devra
nous devons	nous devions	nous devrons
vous devez	vous deviez	vous devrez
ils doivent	ils devaient	ils devront

PAST HISTORIC	PERFECT	PLUPERFECT
je dus	j'ai dû	j'avais dû
tu dus	tu as dû	tu avais dû
il dut	il a dû	il avait dû
nous dûmes	nous avons dû	nous avions dû
vous dûtes	vous avez dû	vous aviez dû
ils durent	ils ont dû	ils avaient dû

PAST ANTERIOR	FUTURE PERFECT
j'eus dû etc	j'aurai dû etc

IMPERATIVE	*CONDITIONAL*	
	PRESENT	PAST
dois	je devrais	j'aurais dû
devons	tu devrais	tu aurais dû
devez	il devrait	il aurait dû
	nous devrions	nous aurions dû
	vous devriez	vous auriez dû
	ils devraient	ils auraient dû

SUBJUNCTIVE

PRESENT	IMPERFECT	PERFECT
je doive	je dusse	j'aie dû
tu doives	tu dusses	tu aies dû
il doive	il dût	il ait dû
nous devions	nous dussions	nous ayons dû
vous deviez	vous dussiez	vous ayez dû
ils doivent	ils dussent	ils aient dû

INFINITIVE	*PARTICIPLE*
PRESENT	PRESENT
devoir	devant
PAST	PAST
avoir dû	dû (due, dus)

DIRE
to say

PRESENT	IMPERFECT	FUTURE
je dis	je disais	je dirai
tu dis	tu disais	tu diras
il dit	il disait	il dira
nous disons	nous disions	nous dirons
vous dites	vous disiez	vous direz
ils disent	ils disaient	ils diront

PAST HISTORIC	PERFECT	PLUPERFECT
je dis	j'ai dit	j'avais dit
tu dis	tu as dit	tu avais dit
il dit	il a dit	il avait dit
nous dîmes	nous avons dit	nous avions dit
vous dîtes	vous avez dit	vous aviez dit
ils dirent	ils ont dit	ils avaient dit

PAST ANTERIOR	FUTURE PERFECT
j'eus dit etc	j'aurai dit etc

IMPERATIVE	CONDITIONAL	
	PRESENT	PAST
dis	je dirais	j'aurais dit
disons	tu dirais	tu aurais dit
dites	il dirait	il aurait dit
	nous dirions	nous aurions dit
	vous diriez	vous auriez dit
	ils diraient	ils auraient dit

SUBJUNCTIVE

PRESENT	IMPERFECT	PERFECT
je dise	je disse	j'aie dit
tu dises	tu disses	tu aies dit
il dise	il dît	il ait dit
nous disions	nous dissions	nous ayons dit
vous disiez	vous dissiez	vous ayez dit
ils disent	ils dissent	ils aient dit

INFINITIVE	PARTICIPLE
PRESENT	PRESENT
dire	disant
PAST	PAST
avoir dit	dit

DISSEQUER
to dissect

PRESENT	IMPERFECT	FUTURE
je dissèque	je disséquais	je disséquerai
tu dissèques	tu disséquais	tu disséqueras
il dissèque	il disséquait	il disséquera
nous disséquons	nous disséquions	nous disséquerons
vous disséquez	vous disséquiez	vous disséquerez
ils dissèquent	ils disséquaient	ils disséqueront

PAST HISTORIC	PERFECT	PLUPERFECT
je disséquai	j'ai disséqué	j'avais disséqué
tu disséquas	tu as disséqué	tu avais disséqué
il disséqua	il a disséqué	il avait disséqué
nous disséquâmes	nous avons disséqué	nous avions disséqué
vous disséquâtes	vous avez disséqué	vous aviez disséqué
ils disséquèrent	ils ont disséqué	ils avaient disséqué

PAST ANTERIOR	FUTURE PERFECT
j'eus disséqué etc	j'aurai disséqué etc

IMPERATIVE	CONDITIONAL	
	PRESENT	PAST
dissèque	je disséquerais	j'aurais disséqué
disséquons	tu disséquerais	tu aurais disséqué
disséquez	il disséquerait	il aurait disséqué
	nous disséquerions	nous aurions disséqué
	vous disséqueriez	vous auriez disséqué
	ils disséqueraient	ils auraient disséqué

SUBJUNCTIVE

PRESENT	IMPERFECT	PERFECT
je dissèque	je disséquasse	j'aie disséqué
tu dissèques	tu disséquasses	tu aies disséqué
il dissèque	il disséquât	il ait disséqué
nous disséquions	nous disséquassions	nous ayons disséqué
vous disséquiez	vous disséquassiez	vous ayez disséqué
ils dissèquent	ils disséquassent	ils aient disséqué

INFINITIVE	PARTICIPLE
PRESENT	PRESENT
disséquer	disséquant
PAST	PAST
avoir disséqué	disséqué

DISSOUDRE
to dissolve

PRESENT	IMPERFECT	FUTURE
je dissous	je dissolvais	je dissoudrai
tu dissous	tu dissolvais	tu dissoudras
il dissout	il dissolvait	il dissoudra
nous dissolvons	nous dissolvions	nous dissoudrons
vous dissolvez	vous dissolviez	vous dissoudrez
ils dissolvent	ils dissolvaient	ils dissoudront

PAST HISTORIC	PERFECT	PLUPERFECT
je dissolus	j'ai dissous	j'avais dissous
tu dissolus	tu as dissous	tu avais dissous
il dissolut	il a dissous	il avait dissous
nous dissolûmes	nous avons dissous	nous avions dissous
vous dissolûtes	vous avez dissous	vous aviez dissous
ils dissolurent	ils ont dissous	ils avaient dissous

PAST ANTERIOR	FUTURE PERFECT
j'eus dissous etc	j'aurai dissous etc

IMPERATIVE	CONDITIONAL	
	PRESENT	PAST
dissous	je dissoudrais	j'aurais dissous
dissolvons	tu dissoudrais	tu aurais dissous
dissolvez	il dissoudrait	il aurait dissous
	nous dissoudrions	nous aurions dissous
	vous dissoudriez	vous auriez dissous
	ils dissoudraient	ils auraient dissous

SUBJUNCTIVE		
PRESENT	IMPERFECT	PERFECT
je dissolve	je dissolusse	j'aie dissous
tu dissolves	tu dissolusses	tu aies dissous
il dissolve	il dissolût	il ait dissous
nous dissolvions	nous dissolussions	nous ayons dissous
vous dissolviez	vous dissolussiez	vous ayez dissous
ils dissolvent	ils dissolussent	ils aient dissous

INFINITIVE	PARTICIPLE
PRESENT	PRESENT
dissoudre	dissolvant
PAST	PAST
avoir dissous	dissous (dissoute)

to distract

PRESENT	IMPERFECT	FUTURE
je distrais	je distrayais	je distrairai
tu distrais	tu distrayais	tu distrairas
il distrait	il distrayait	il distraira
nous distrayons	nous distrayions	nous distrairons
vous distrayez	vous distrayiez	vous distrairez
ils distraient	ils distrayaient	ils distrairont

PAST HISTORIC	PERFECT	PLUPERFECT
	j'ai distrait	j'avais distrait
	tu as distrait	tu avais distrait
	il a distrait	il avait distrait
	nous avons distrait	nous avions distrait
	vous avez distrait	vous aviez distrait
	ils ont distrait	ils avaient distrait

PAST ANTERIOR	FUTURE PERFECT
j'eus distrait etc	j'aurai distrait etc

IMPERATIVE	CONDITIONAL	
	PRESENT	PAST
distrais	je distrairais	j'aurais distrait
distrayons	tu distrairais	tu aurais distrait
distrayez	il distrairait	il aurait distrait
	nous distrairions	nous aurions distrait
	vous distrairiez	vous auriez distrait
	ils distrairaient	ils auraient distrait

SUBJUNCTIVE		
PRESENT	IMPERFECT	PERFECT
je distraie		j'aie distrait
tu distraies		tu aies distrait
il distraie		il ait distrait
nous distrayions		nous ayons distrait
vous distrayiez		vous ayez distrait
ils distraient		ils aient distrait

INFINITIVE	PARTICIPLE	NOTE
PRESENT	PRESENT	braire *and* traire: *no past*
distraire	distrayant	*historic or subjunctive*
PAST	PAST	*imperfect*
avoir distrait	distrait	

67   DONNER
to give

PRESENT	IMPERFECT	FUTURE
je donne	je donnais	je donnerai
tu donnes	tu donnais	tu donneras
il donne	il donnait	il donnera
nous donnons	nous donnions	nous donnerons
vous donnez	vous donniez	vous donnerez
ils donnent	ils donnaient	ils donneront

PAST HISTORIC	PERFECT	PLUPERFECT
je donnai	j'ai donné	j'avais donné
tu donnas	tu as donné	tu avais donné
il donna	il a donné	il avait donné
nous donnâmes	nous avons donné	nous avions donné
vous donnâtes	vous avez donné	vous aviez donné
ils donnèrent	ils ont donné	ils avaient donné

PAST ANTERIOR	FUTURE PERFECT
j'eus donné etc	j'aurai donné etc

IMPERATIVE	CONDITIONAL	
	PRESENT	PAST
donne	je donnerais	j'aurais donné
donnons	tu donnerais	tu aurais donné
donnez	il donnerait	il aurait donné
	nous donnerions	nous aurions donné
	vous donneriez	vous auriez donné
	ils donneraient	ils auraient donné

SUBJUNCTIVE

PRESENT	IMPERFECT	PERFECT
je donne	je donnasse	j'aie donné
tu donnes	tu donnasses	tu aies donné
il donne	il donnât	il ait donné
nous donnions	nous donnassions	nous ayons donné
vous donniez	vous donnassiez	vous ayez donné
ils donnent	ils donnassent	ils aient donné

INFINITIVE	PARTICIPLE
PRESENT	PRESENT
donner	donnant
PAST	PAST
avoir donné	donné

DORMIR
to sleep

PRESENT	IMPERFECT	FUTURE
je dors	je dormais	je dormirai
tu dors	tu dormais	tu dormiras
il dort	il dormait	il dormira
nous dormons	nous dormions	nous dormirons
vous dormez	vous dormiez	vous dormirez
ils dorment	ils dormaient	ils dormiront

PAST HISTORIC	PERFECT	PLUPERFECT
je dormis	j'ai dormi	j'avais dormi
tu dormis	tu as dormi	tu avais dormi
il dormit	il a dormi	il avait dormi
nous dormîmes	nous avons dormi	nous avions dormi
vous dormîtes	vous avez dormi	vous aviez dormi
ils dormirent	ils ont dormi	ils avaient dormi

PAST ANTERIOR	FUTURE PERFECT
j'eus dormi etc	j'aurai dormi etc

IMPERATIVE	CONDITIONAL	
	PRESENT	PAST
dors	je dormirais	j'aurais dormi
dormons	tu dormirais	tu aurais dormi
dormez	il dormirait	il aurait dormi
	nous dormirions	nous aurions dormi
	vous dormiriez	vous auriez dormi
	ils dormiraient	ils auraient dormi

SUBJUNCTIVE

PRESENT	IMPERFECT	PERFECT
je dorme	je dormisse	j'aie dormi
tu dormes	tu dormisses	tu aies dormi
il dorme	il dormît	il ait dormi
nous dormions	nous dormissions	nous ayons dormi
vous dormiez	vous dormissiez	vous ayez dormi
ils dorment	ils dormissent	ils aient dormi

INFINITIVE	PARTICIPLE
PRESENT	PRESENT
dormir	dormant
PAST	PAST
avoir dormi	dormi

69   ECHOIR
to expire

PRESENT	IMPERFECT	FUTURE
il échoit		il échoira

PAST HISTORIC	PERFECT	PLUPERFECT
il échut	il est échu	il était échu

PAST ANTERIOR	FUTURE PERFECT	
il fut échu	il sera échu	

IMPERATIVE	CONDITIONAL	
	PRESENT	PAST
	il échoirait	il serait échu
	ils échoiraient	

SUBJUNCTIVE		
PRESENT	IMPERFECT	PERFECT
	il échût	il soit échu

INFINITIVE	PARTICIPLE
PRESENT	PRESENT
échoir	échéant
PAST	PAST
être échu	échu

PRESENT	IMPERFECT	FUTURE
il éclôt		il éclora
ils éclosent		ils écloront

PAST HISTORIC	PERFECT	PLUPERFECT
	il est éclos	il était éclos
	ils sont éclos	ils étaient éclos

PAST ANTERIOR	FUTURE PERFECT	
il fut éclos etc	il sera éclos etc	

IMPERATIVE	*CONDITIONAL*	
	PRESENT	**PAST**
	il éclorait	il serait éclos
	ils écloraient	ils seraient éclos

SUBJUNCTIVE		
PRESENT	**IMPERFECT**	**PERFECT**[14]
il éclose		il soit éclos
ils éclosent		ils soient éclos

INFINITIVE	*PARTICIPLE*	
PRESENT	**PRESENT**	
éclore		
PAST	**PAST**	
être éclos	éclos	

71   ECREMER
to skim

PRESENT	**IMPERFECT**	**FUTURE**
j'écrème	j'écrémais	j'écrémerai
tu écrèmes	tu écrémais	tu écrémeras
il écrème	il écrémait	il écrémera
nous écrémons	nous écrémions	nous écrémerons
vous écrémez	vous écrémiez	vous écrémerez
ils écrèment	ils écrémaient	ils écrémeront

PAST HISTORIC	**PERFECT**	**PLUPERFECT**
j'écrémai	j'ai écrémé	j'avais écrémé
tu écrémas	tu as écrémé	tu avais écrémé
il écréma	il a écrémé	il avait écrémé
nous écrémâmes	nous avons écrémé	nous avions écrémé
vous écrémâtes	vous avez écrémé	vous aviez écrémé
ils écrémèrent	ils ont écrémé	ils avaient écrémé

PAST ANTERIOR	**FUTURE PERFECT**
j'eus écrémé etc	j'aurai écrémé etc

IMPERATIVE	***CONDITIONAL***	
	PRESENT	**PAST**
écrème	j'écrémerais	j'aurais écrémé
écrémons	tu écrémerais	tu aurais écrémé
écrémez	il écrémerait	il aurait écrémé
	nous écrémerions	nous aurions écrémé
	vous écrémeriez	vous auriez écrémé
	ils écrémeraient	ils auraient écrémé

SUBJUNCTIVE		
PRESENT	**IMPERFECT**	**PERFECT**
j'écrème	j'écrémasse	j'aie écrémé
tu écrèmes	tu écrémasses	tu aies écrémé
il écrème	il écrémât	il ait écrémé
nous écrémions	nous écrémassions	nous ayons écrémé
vous écrémiez	vous écrémassiez	vous ayez écrémé
ils écrèment	ils écrémassent	ils aient écrémé

INFINITIVE	***PARTICIPLE***
PRESENT	**PRESENT**
écrémer	écrémant
PAST	**PAST**
avoir écrémé	écrémé

ECRIRE
to write

PRESENT	**IMPERFECT**	**FUTURE**
j'écris	j'écrivais	j'écrirai
tu écris	tu écrivais	tu écriras
il écrit	il écrivait	il écrira
nous écrivons	nous écrivions	nous écrirons
vous écrivez	vous écriviez	vous écrirez
ils écrivent	ils écrivaient	ils écriront

PAST HISTORIC	**PERFECT**	**PLUPERFECT**
j'écrivis	j'ai écrit	j'avais écrit
tu écrivis	tu as écrit	tu avais écrit
il écrivit	il a écrit	il avait écrit
nous écrivîmes	nous avons écrit	nous avions écrit
vous écrivîtes	vous avez écrit	vous aviez écrit
ils écrivirent	ils ont écrit	ils avaient écrit

PAST ANTERIOR	**FUTURE PERFECT**
j'eus écrit etc	j'aurai écrit etc

IMPERATIVE	**CONDITIONAL**	
	PRESENT	**PAST**
écris	j'écrirais	j'aurais écrit
écrivons	tu écrirais	tu aurais écrit
écrivez	il écrirait	il aurait écrit
	nous écririons	nous aurions écrit
	vous écririez	vous auriez écrit
	ils écriraient	ils auraient écrit

SUBJUNCTIVE

PRESENT	**IMPERFECT**	**PERFECT**
j'écrive	j'écrivisse	j'aie écrit
tu écrives	tu écrivisses	tu aies écrit
il écrive	il écrivît	il ait écrit
nous écrivions	nous écrivissions	nous ayons écrit
vous écriviez	vous écrivissiez	vous ayez écrit
ils écrivent	ils écrivissent	ils aient écrit

INFINITIVE	**PARTICIPLE**
PRESENT	**PRESENT**
écrire	écrivant
PAST	**PAST**
avoir écrit	écrit

ELEVER
to raise

PRESENT	IMPERFECT	FUTURE
j'élève	j'élevais	j'élèverai
tu élèves	tu élevais	tu élèveras
il élève	il élevait	il élèvera
nous élevons	nous élevions	nous élèverons
vous élevez	vous éleviez	vous élèverez
ils élèvent	ils élevaient	ils élèveront

PAST HISTORIC	PERFECT	PLUPERFECT
j'élevai	j'ai élevé	j'avais élevé
tu élevas	tu as élevé	tu avais élevé
il éleva	il a élevé	il avait élevé
nous élevâmes	nous avons élevé	nous avions élevé
vous élevâtes	vous avez élevé	vous aviez élevé
ils élevèrent	ils ont élevé	ils avaient élevé

PAST ANTERIOR	FUTURE PERFECT
j'eus élevé etc	j'aurai élevé etc

IMPERATIVE	CONDITIONAL	
	PRESENT	PAST
élève	j'élèverais	j'aurais élevé
élevons	tu élèverais	tu aurais élevé
élevez	il élèverait	il aurait élevé
	nous élèverions	nous aurions élevé
	vous élèveriez	vous auriez élevé
	ils élèveraient	ils auraient élevé

SUBJUNCTIVE

PRESENT	IMPERFECT	PERFECT
j'élève	j'élevasse	j'aie élevé
tu élèves	tu élevasses	tu aies élevé
il élève	il élevât	il ait élevé
nous élevions	nous élevassions	nous ayons élevé
vous éleviez	vous élevassiez	vous ayez élevé
ils élèvent	ils élevassent	ils aient élevé

INFINITIVE	PARTICIPLE
PRESENT	PRESENT
elever	élevant
PAST	PAST
avoir élevé	élevé

PRESENT	**IMPERFECT**	**FUTURE**
j'émeus	j'émouvais	j'émouvrai
tu émeus	tu émouvais	tu émouvras
il émeut	il émouvait	il émouvra
nous émouvons	nous émouvions	nous émouvrons
vous émouvez	vous émouviez	vous émouvrez
ils émeuvent	ils émouvaient	ils émouvront

PAST HISTORIC	**PERFECT**	**PLUPERFECT**
j'émus	j'ai ému	j'avais ému
tu émus	tu as ému	tu avais ému
il émut	il a ému	il avait ému
nous émûmes	nous avons ému	nous avions ému
vous émûtes	vous avez ému	vous aviez ému
ils émurent	ils ont ému	ils avaient ému

PAST ANTERIOR	**FUTURE PERFECT**
j'eus ému etc	j'aurai ému etc

IMPERATIVE	**CONDITIONAL**	
	PRESENT	**PAST**
émeus	j'émouvrais	j'aurais ému
émouvons	tu émouvrais	tu aurais ému
émouvez	il émouvrait	il aurait ému
	nous émouvrions	nous aurions ému
	vous émouvriez	vous auriez ému
	ils émouvraient	ils auraient ému

SUBJUNCTIVE		
PRESENT	**IMPERFECT**	**PERFECT**
j'émeuve	j'émusse	j'aie ému
tu émeuves	tu émusses	tu aies ému
il émeuve	il émût	il ait ému
nous émouvions	nous émussions	nous ayons ému
vous émouviez	vous émussiez	vous ayez ému
ils émeuvent	ils émussent	ils aient ému

INFINITIVE	**PARTICIPLE**
PRESENT	**PRESENT**
émouvoir	émouvant
PAST	**PAST**
avoir ému	ému

ENCLORE
to enclose

PRESENT	IMPERFECT	FUTURE
j'enclos		j'enclorai
tu enclos		tu encloras
il enclôt		il enclora
nous enclosons		nous enclorons
vous enclosez		vous enclorez
ils enclosent		ils encloront

PAST HISTORIC	PERFECT	PLUPERFECT
	j'ai enclos	j'avais enclos
	tu as enclos	tu avais enclos
	il a enclos	il avait enclos
	nous avons enclos	nous avions enclos
	vous avez enclos	vous aviez enclos
	ils ont enclos	ils avaient enclos

PAST ANTERIOR	FUTURE PERFECT
j'eus enclos etc	j'aurai enclos etc

IMPERATIVE	CONDITIONAL	
	PRESENT	PAST
enclos	j'enclorais	j'aurais enclos
	tu enclorais	tu aurais enclos
	il enclorait	il aurait enclos
	nous enclorions	nous aurions enclos
	vous encloriez	vous auriez enclos
	ils encloraient	ils auraient enclos

SUBJUNCTIVE		
PRESENT	IMPERFECT	PERFECT
j'enclose		j'aie enclos
tu encloses		tu aies enclos
il enclose		il ait enclos
nous enclosions		nous ayons enclos
vous enclosiez		vous ayez enclos
ils enclosent		ils aient enclos

INFINITIVE	PARTICIPLE
PRESENT	PRESENT
enclore	
PAST	PAST
avoir enclos	enclos

to fall asleep

PRESENT	IMPERFECT	FUTURE
je m'endors	je m'endormais	je m'endormirai
tu t'endors	tu t'endormais	tu t'endormiras
il s'endort	il s'endormait	il s'endormira
nous nous endormons	nous nous endormions	nous nous endormirons
vous vous endormez	vous vous endormiez	vous vous endormirez
ils s'endorment	ils s'endormaient	ils s'endormiront

PAST HISTORIC	PERFECT	PLUPERFECT
je m'endormis	je me suis endormi	je m'étais endormi
tu t'endormis	tu t'es endormi	tu t'étais endormi
il s'endormit	il s'est endormi	il s'était endormi
nous nous endormîmes	nous ns. sommes endormis	nous ns. étions endormis
vous vous endormîtes	vous vs. êtes endormi(s)	vous vs. étiez endormi(s)
ils s'endormirent	ils se sont endormis	ils s'étaient endormis

PAST ANTERIOR	FUTURE PERFECT
je me fus endormi etc	je me serai endormi etc

IMPERATIVE	CONDITIONAL	
	PRESENT	PAST
endors-toi	je m'endormirais	je me serais endormi
endormons-nous	tu t'endormirais	tu te serais endormi
endormez-vous	il s'endormirait	il se serait endormi
	nous nous endormirions	nous ns. serions endormis
	vous vous endormiriez	vous vs. seriez endormi(s)
	ils s'endormiraient	ils se seraient endormis

SUBJUNCTIVE		
PRESENT	IMPERFECT	PERFECT
je m'endorme	je m'endormisse	je me sois endormi
tu t'endormes	tu t'endormisses	tu te sois endormi
il s'endorme	il s'endormît	il se soit endormi
nous nous endormions	nous nous endormissions	nous ns. soyons endormis
vous vous endormiez	vous vous endormissiez	vous vs. soyez endormi(s)
ils s'endorment	ils s'endormissent	ils se soient endormis

INFINITIVE	PARTICIPLE
PRESENT	PRESENT
s'endormir	s'endormant
PAST	PAST
s'être endormi	endormi

S'ENFUIR
to flee

PRESENT

je m'enfuis
tu t'enfuis
il s'enfuit
nous nous enfuyons
vous vous enfuyez
ils s'enfuient

IMPERFECT

je m'enfuyais
tu t'enfuyais
il s'enfuyait
nous nous enfuyions
vous vous enfuyiez
ils s'enfuyaient

FUTURE

je m'enfuirai
tu t'enfuiras
il s'enfuira
nous nous enfuirons
vous vous enfuirez
ils s'enfuiront

PAST HISTORIC

je m'enfuis
tu t'enfuis
il s'enfuit
nous nous enfuîmes
vous vous enfuîtes
ils s'enfuirent

PERFECT

je me suis enfui
tu t'es enfui
il s'est enfui
nous nous sommes enfuis
vous vous êtes enfui(s)
ils se sont enfuis

PLUPERFECT

je m'étais enfui
tu t'étais enfui
il s'était enfui
nous nous étions enfuis
vous vous étiez enfui(s)
ils s'étaient enfuis

PAST ANTERIOR

je me fus enfui etc

FUTURE PERFECT

je me serai enfui etc

IMPERATIVE

enfuis-toi
enfuyons-nous
enfuyez-vous

CONDITIONAL

PRESENT

je m'enfuirais
tu t'enfuirais
il s'enfuirait
nous nous enfuirions
vous vous enfuiriez
ils s'enfuiraient

PAST

je me serais enfui
tu te serais enfui
il se serait enfui
nous nous serions enfuis
vous vous seriez enfui(s)
ils se seraient enfuis

SUBJUNCTIVE

PRESENT

je m'enfuie
tu t'enfuies
il s'enfuie
nous nous enfuyions
vous vous enfuyiez
ils s'enfuient

IMPERFECT

je m'enfuisse
tu t'enfuisses
il s'enfuît
nous nous enfuissions
vous vous enfuissiez
ils s'enfuissent

PERFECT

je me sois enfui
tu te sois enfui
il se soit enfui
nous nous soyons enfuis
vous vous soyez enfui(s)
ils se soient enfuis

INFINITIVE

PRESENT

s'enfuir

PAST

s'être enfui

PARTICIPLE

PRESENT

s'enfuyant

PAST

enfui

ENNUYER
to bother, to bore

PRESENT

j'ennuie
tu ennuies
il ennuie
nous ennuyons
vous ennuyez
ils ennuient

IMPERFECT

j'ennuyais
tu ennuyais
il ennuyait
nous ennuyions
vous ennuyiez
ils ennuyaient

FUTURE

j'ennuierai
tu ennuieras
il ennuiera
nous ennuierons
vous ennuierez
ils ennuieront

PAST HISTORIC

j'ennuyai
tu ennuyas
il ennuya
nous ennuyâmes
vous ennuyâtes
ils ennuyèrent

PERFECT

j'ai ennuyé
tu as ennuyé
il a ennuyé
nous avons ennuyé
vous avez ennuyé
ils ont ennuyé

PLUPERFECT

j'avais ennuyé
tu avais ennuyé
il avait ennuyé
nous avions ennuyé
vous aviez ennuyé
ils avaient ennuyé

PAST ANTERIOR

j'eus ennuyé etc

FUTURE PERFECT

j'aurai ennuyé etc

IMPERATIVE

ennuie
ennuyons
ennuyez

CONDITIONAL

PRESENT

j'ennuierais
tu ennuierais
il ennuierait
nous ennuierions
vous ennuieriez
ils ennuieraient

PAST

j'aurais ennuyé
tu aurais ennuyé
il aurait ennuyé
nous aurions ennuyé
vous auriez ennuyé
ils auraient ennuyé

SUBJUNCTIVE

PRESENT

j'ennuie
tu ennuies
il ennuie
nous ennuyions
vous ennuyiez
ils ennuient

IMPERFECT

j'ennuyasse
tu ennuyasses
il ennuyât
nous ennuyassions
vous ennuyassiez
ils ennuyassent

PERFECT

j'aie ennuyé
tu aies ennuyé
il ait ennuyé
nous ayons ennuyé
vous ayez ennuyé
ils aient ennuyé

INFINITIVE

PRESENT

ennuyer

PAST

avoir ennuyé

PARTICIPLE

PRESENT

ennuyant

PAST

ennuyé

S'ENSUIVRE
to ensue

PRESENT	IMPERFECT	FUTURE
il s'ensuit	il s'ensuivait	il s'ensuivra
ils s'ensuivent	ils s'ensuivaient	ils s'ensuivront

PAST HISTORIC	PERFECT	PLUPERFECT
il s'ensuivit	il s'est ensuivi	il s'était ensuivi
ils s'ensuivirent	ils se sont ensuivis	ils s'étaient ensuivis

PAST ANTERIOR	FUTURE PERFECT
il se fut ensuivi etc	il se sera ensuivi etc

IMPERATIVE	CONDITIONAL	
	PRESENT	PAST
	il s'ensuivrait	il se serait ensuivi
	ils s'ensuivraient	ils se seraient ensuivis

SUBJUNCTIVE

PRESENT	IMPERFECT	PERFECT
il s'ensuive	il s'ensuivît	il se soit ensuivi
ils s'ensuivent	ils s'ensuivissent	ils se soient ensuivis

INFINITIVE	PARTICIPLE
PRESENT	PRESENT
s'ensuivre	
PAST	PAST
s'être ensuivi	ensuivi

to hear

PRESENT	IMPERFECT	FUTURE
j'entends	j'entendais	j'entendrai
tu entends	tu entendais	tu entendras
il entend	il entendait	il entendra
nous entendons	nous entendions	nous entendrons
vous entendez	vous entendiez	vous entendrez
ils entendent	ils entendaient	ils entendront

PAST HISTORIC	PERFECT	PLUPERFECT
j'entendis	j'ai entendu	j'avais entendu
tu entendis	tu as entendu	tu avais entendu
il entendit	il a entendu	il avait entendu
nous entendîmes	nous avons entendu	nous avions entendu
vous entendîtes	vous avez entendu	vous aviez entendu
ils entendirent	ils ont entendu	ils avaient entendu

PAST ANTERIOR	FUTURE PERFECT
j'eus entendu etc	j'aurai entendu etc

IMPERATIVE	CONDITIONAL	
	PRESENT	PAST
entends	j'entendrais	j'aurais entendu
entendons	tu entendrais	tu aurais entendu
entendez	il entendrait	il aurait entendu
	nous entendrions	nous aurions entendu
	vous entendriez	vous auriez entendu
	ils entendraient	ils auraient entendu

SUBJUNCTIVE

PRESENT	IMPERFECT	PERFECT
j'entende	j'entendisse	j'aie entendu
tu entendes	tu entendisses	tu aies entendu
il entende	il entendît	il ait entendu
nous entendions	nous entendissions	nous ayons entendu
vous entendiez	vous entendissiez	vous ayez entendu
ils entendent	ils entendissent	ils aient entendu

INFINITIVE	PARTICIPLE
PRESENT	PRESENT
entendre	entendant
PAST	PAST
avoir entendu	entendu

ENTRER
to enter

PRESENT	**IMPERFECT**	**FUTURE**
j'entre	j'entrais	j'entrerai
tu entres	tu entrais	tu entreras
il entre	il entrait	il entrera
nous entrons	nous entrions	nous entrerons
vous entrez	vous entriez	vous entrerez
ils entrent	ils entraient	ils entreront

PAST HISTORIC	**PERFECT**	**PLUPERFECT**
j'entrai	je suis entré	j'étais entré
tu entras	tu es entré	tu étais entré
il entra	il est entré	il était entré
nous entrâmes	nous sommes entrés	nous étions entrés
vous entrâtes	vous êtes entré(s)	vous étiez entré(s)
ils entrèrent	ils sont entrés	ils étaient entrés

PAST ANTERIOR	**FUTURE PERFECT**
je fus entré etc	je serai entré etc

IMPERATIVE	*CONDITIONAL*	
	PRESENT	**PAST**
entre	j'entrerais	je serais entré
entrons	tu entrerais	tu serais entré
entrez	il entrerait	il serait entré
	nous entrerions	nous serions entrés
	vous entreriez	vous seriez entré(s)
	ils entreraient	ils seraient entrés

SUBJUNCTIVE		
PRESENT	**IMPERFECT**	**PERFECT**
j'entre	j'entrasse	je sois entré
tu entres	tu entrasses	tu sois entré
il entre	il entrât	il soit entré
nous entrions	nous entrassions	nous soyons entrés
vous entriez	vous entrassiez	vous soyez entré(s)
ils entrent	ils entrassent	ils soient entrés

INFINITIVE	*PARTICIPLE*	*NOTE*
PRESENT	**PRESENT**	*auxiliary* avoir *when*
entrer	entrant	*transitive*
PAST	**PAST**	
être entré	entré	

PRESENT	IMPERFECT	FUTURE
j'envahis	j'envahissais	j'envahirai
tu envahis	tu envahissais	tu envahiras
il envahit	il envahissait	il envahira
nous envahissons	nous envahissions	nous envahirons
vous envahissez	vous envahissiez	vous envahirez
ils envahissent	ils envahissaient	ils envahiront

PAST HISTORIC	PERFECT	PLUPERFECT
j'envahis	j'ai envahi	j'avais envahi
tu envahis	tu as envahi	tu avais envahi
il envahit	il a envahi	il avait envahi
nous envahîmes	nous avons envahi	nous avions envahi
vous envahîtes	vous avez envahi	vous aviez envahi
ils envahirent	ils ont envahi	ils avaient envahi

PAST ANTERIOR	FUTURE PERFECT
j'eus envahi etc	j'aurai envahi etc

IMPERATIVE	CONDITIONAL	
	PRESENT	PAST
envahis	j'envahirais	j'aurais envahi
envahissons	tu envahirais	tu aurais envahi
envahissez	il envahirait	il aurait envahi
	nous envahirions	nous aurions envahi
	vous envahiriez	vous auriez envahi
	ils envahiraient	ils auraient envahi

SUBJUNCTIVE	IMPERFECT	PERFECT
PRESENT		
j'envahisse	j'envahisse	j'aie envahi
tu envahisses	tu envahisses	tu aies envahi
il envahisse	il envahît	il ait envahi
nous envahissions	nous envahissions	nous ayons envahi
vous envahissiez	vous envahissiez	vous ayez envahi
ils envahissent	ils envahissent	ils aient envahi

INFINITIVE	PARTICIPLE
PRESENT	PRESENT
envahir	envahissant
PAST	PAST
avoir envahi	envahi

ENVOYER
to send

PRESENT	IMPERFECT	FUTURE
j'envoie	j'envoyais	j'enverrai
tu envoies	tu envoyais	tu enverras
il envoie	il envoyait	il enverra
nous envoyons	nous envoyions	nous enverrons
vous envoyez	vous envoyiez	vous enverrez
ils envoient	ils envoyaient	ils enverront

PAST HISTORIC	PERFECT	PLUPERFECT
j'envoyai	j'ai envoyé	j'avais envoyé
tu envoyas	tu as envoyé	tu avais envoyé
il envoya	il a envoyé	il avait envoyé
nous envoyâmes	nous avons envoyé	nous avions envoyé
vous envoyâtes	vous avez envoyé	vous aviez envoyé
ils envoyèrent	ils ont envoyé	ils avaient envoyé

PAST ANTERIOR	FUTURE PERFECT
j'eus envoyé etc	j'aurai envoyé etc

IMPERATIVE	*CONDITIONAL*	
	PRESENT	PAST
envoie	j'enverrais	j'aurais envoyé
envoyons	tu enverrais	tu aurais envoyé
envoyez	il enverrait	il aurait envoyé
	nous enverrions	nous aurions envoyé
	vous enverriez	vous auriez envoyé
	ils enverraient	ils auraient envoyé

SUBJUNCTIVE

PRESENT	IMPERFECT	PERFECT
j'envoie	j'envoyasse	j'aie envoyé
tu envoies	tu envoyasses	tu aies envoyé
il envoie	il envoyât	il ait envoyé
nous envoyions	nous envoyassions	nous ayons envoyé
vous envoyiez	vous envoyassiez	vous ayez envoyé
ils envoient	ils envoyassent	ils aient envoyé

INFINITIVE	*PARTICIPLE*
PRESENT	PRESENT
envoyer	envoyant
PAST	PAST
avoir envoyé	envoyé

to hope

PRESENT	IMPERFECT	FUTURE
j'espère	j'espérais	j'espérerai
tu espères	tu espérais	tu espéreras
il espère	il espérait	il espérera
nous espérons	nous espérions	nous espérerons
vous espérez	vous espériez	vous espérerez
ils espèrent	ils espéraient	ils espéreront

PAST HISTORIC	PERFECT	PLUPERFECT
j'espérai	j'ai espéré	j'avais espéré
tu espéras	tu as espéré	tu avais espéré
il espéra	il a espéré	il avait espéré
nous espérâmes	nous avons espéré	nous avions espéré
vous espérâtes	vous avez espéré	vous aviez espéré
ils espérèrent	ils ont espéré	ils avaient espéré

PAST ANTERIOR	FUTURE PERFECT
j'eus espéré etc	j'aurai espéré etc

IMPERATIVE	CONDITIONAL	
	PRESENT	PAST
espère	j'espérerais	j'aurais espéré
espérons	tu espérerais	tu aurais espéré
espérez	il espérerait	il aurait espéré
	nous espérerions	nous aurions espéré
	vous espéreriez	vous auriez espéré
	ils espéreraient	ils auraient espéré

SUBJUNCTIVE

PRESENT	IMPERFECT	PERFECT
j'espère	j'espérasse	j'aie espéré
tu espères	tu espérasses	tu aies espéré
il espère	il espérât	il ait espéré
nous espérions	nous espérassions	nous ayons espéré
vous espériez	vous espérassiez	vous ayez espéré
ils espèrent	ils espérassent	ils aient espéré

INFINITIVE	PARTICIPLE
PRESENT	PRESENT
espérer	espérant
PAST	PAST
avoir espéré	espéré

85 ETRE
to be

PRESENT	IMPERFECT	FUTURE
je suis	j'étais	je serai
tu es	tu étais	tu seras
il est	il était	il sera
nous sommes	nous étions	nous serons
vous êtes	vous étiez	vous serez
ils sont	ils étaient	ils seront

PAST HISTORIC	PERFECT	PLUPERFECT
je fus	j'ai été	j'avais été
tu fus	tu as été	tu avais été
il fut	il a été	il avait été
nous fûmes	nous avons été	nous avions été
vous fûtes	vous avez été	vous aviez été
ils furent	ils ont été	ils avaient été

PAST ANTERIOR	FUTURE PERFECT
j'eus été etc	j'aurai été etc

IMPERATIVE	CONDITIONAL	
	PRESENT	PAST
sois	je serais	j'aurais été
soyons	tu serais	tu aurais été
soyez	il serait	il aurait été
	nous serions	nous aurions été
	vous seriez	vous auriez été
	ils seraient	ils auraient été

SUBJUNCTIVE

PRESENT	IMPERFECT	PERFECT
je sois	je fusse	j'aie été
tu sois	tu fusses	tu aies été
il soit	il fût	il ait été
nous soyons	nous fussions	nous ayons été
vous soyez	vous fussiez	vous ayez été
ils soient	ils fussent	ils aient été

INFINITIVE	PARTICIPLE
PRESENT	PRESENT
être	étant
PAST	PAST
avoir été	été

ETUDIER
to study

86

PRESENT	IMPERFECT	FUTURE
j'étudie	j'étudiais	j'étudierai
tu étudies	tu étudiais	tu étudieras
il étudie	il étudiait	il étudiera
nous étudions	nous étudiions	nous étudierons
vous étudiez	vous étudiiez	vous étudierez
ils étudient	ils étudiaient	ils étudieront

PAST HISTORIC	PERFECT	PLUPERFECT
j'étudiai	j'ai étudié	j'avais étudié
tu étudias	tu as étudié	tu avais étudié
il étudia	il a étudié	il avait étudié
nous étudiâmes	nous avons étudié	nous avions étudié
vous étudiâtes	vous avez étudié	vous aviez étudié
ils étudièrent	ils ont étudié	ils avaient étudié

PAST ANTERIOR	FUTURE PERFECT
j'eus étudié etc	j'aurai étudié etc

IMPERATIVE	*CONDITIONAL*	
	PRESENT	PAST
étudie	j'étudierais	j'aurais étudié
étudions	tu étudierais	tu aurais étudié
étudiez	il étudierait	il aurait étudié
	nous étudierions	nous aurions étudié
	vous étudieriez	vous auriez étudié
	ils étudieraient	ils auraient étudié

SUBJUNCTIVE

PRESENT	IMPERFECT	PERFECT
j'étudie	j'étudiasse	j'aie étudié
tu étudies	tu étudiasses	tu aies étudié
il étudie	il étudiât	il ait étudié
nous étudiions	nous étudiassions	nous ayons étudié
vous étudiiez	vous étudiassiez	vous ayez étudié
ils étudient	ils étudiassent	ils aient étudié

INFINITIVE	*PARTICIPLE*
PRESENT	PRESENT
étudier	étudiant
PAST	PAST
avoir étudié	étudié

S'EVANOUIR
to faint

PRESENT

je m'évanouis
tu t'évanouis
il s'évanouit
nous nous évanouissons
vous vous évanouissez
ils s'évanouissent

IMPERFECT

je m'évanouissais
tu t'évanouissais
il s'évanouissait
nous nous évanouissions
vous vous évanouissiez
ils s'évanouissaient

FUTURE

je m'évanouirai
tu t'évanouiras
il s'évanouira
nous nous évanouirons
vous vous évanouirez
ils s'évanouiront

PAST HISTORIC

je m'évanouis
tu t'évanouis
il s'évanouit
nous nous évanouîmes
vous vous évanouîtes
ils s'évanouirent

PERFECT

je me suis évanoui
tu t'es évanoui
il s'est évanoui
nous ns. sommes évanouis
vous vs. êtes évanoui(s)
ils se sont évanouis

PLUPERFECT

je m'étais évanoui
tu t'étais évanoui
il s'était évanoui
nous nous étions évanoui
vous vous étiez évanoui(s)
ils s'étaient évanouis

PAST ANTERIOR

je me fus évanoui etc

FUTURE PERFECT

je me serai évanoui etc

IMPERATIVE

évanouis-toi
évanouissons-nous
évanouissez-vous

CONDITIONAL

PRESENT

je m'évanouirais
tu t'évanouirais
il s'évanouirait
nous nous évanouirions
vous vous évanouiriez
ils s'évanouiraient

PAST

je me serais évanoui
tu te serais évanoui
il se serait évanoui
nous nous serions évanoui
vous vous seriez évanoui
ils se seraient évanouis

SUBJUNCTIVE

PRESENT

je m'évanouisse
tu t'évanouisses
il s'évanouisse
nous nous évanouissions
vous vous évanouissiez
ils s'évanouissent

IMPERFECT

je m'évanouisse
tu t'évanouisses
il s'évanouît
nous nous évanouissions
vous vous évanouissiez
ils s'évanouissent

PERFECT

je me sois évanoui
tu te sois évanoui
il se soit évanoui
nous nous soyons évanoui
vous vous soyez évanoui
ils se soient évanouis

INFINITIVE

PRESENT

s'évanouir

PAST

s'être évanoui

PARTICIPLE

PRESENT

s'évanouissant

PAST

évanoui

EXECRER
to abhor

PRESENT	IMPERFECT	FUTURE
j'exècre	j'exécrais	j'exécrerai
tu exècres	tu exécrais	tu exécreras
il exècre	il exécrait	il exécrera
nous exécrons	nous exécrions	nous exécrerons
vous exécrez	vous exécriez	vous exécrerez
ils exècrent	ils exécraient	ils exécreront

PAST HISTORIC	PERFECT	PLUPERFECT
j'exécrai	j'ai exécré	j'avais exécré
tu exécras	tu as exécré	tu avais exécré
il exécra	il a exécré	il avait exécré
nous exécrâmes	nous avons exécré	nous avions exécré
vous exécrâtes	vous avez exécré	vous aviez exécré
ils exécrèrent	ils ont exécré	ils avaient exécré

PAST ANTERIOR	FUTURE PERFECT
j'eus exécré etc	j'aurai exécré etc

IMPERATIVE	CONDITIONAL	
	PRESENT	PAST
exècre	j'exécrerais	j'aurais exécré
exécrons	tu exécrerais	tu aurais exécré
exécrez	il exécrerait	il aurait exécré
	nous exécrerions	nous aurions exécré
	vous exécreriez	vous auriez exécré
	ils exécreraient	ils auraient exécré

SUBJUNCTIVE

PRESENT	IMPERFECT	PERFECT
j'exècre	j'exécrasse	j'aie exécré
tu exècres	tu exécrasses	tu aies exécré
il exècre	il exécrât	il ait exécré
nous exécrions	nous exécrassions	nous ayons exécré
vous exécriez	vous exécrassiez	vous ayez exécré
ils exècrent	ils exécrassent	ils aient exécré

INFINITIVE	PARTICIPLE
PRESENT	PRESENT
exécrer	exécrant
PAST	PAST
avoir exécré	exécré

PRESENT	IMPERFECT	FUTURE
		je faillirai
		tu failliras
		il faillira
		nous faillirons
		vous faillirez
		ils failliront

PAST HISTORIC	PERFECT	PLUPERFECT
je faillis	j'ai failli	j'avais failli
tu faillis	tu as failli	tu avais failli
il faillit	il a failli	il avait failli
nous faillîmes	nous avons failli	nous avions failli
vous faillîtes	vous avez failli	vous aviez failli
ils faillirent	ils ont failli	ils avaient failli

PAST ANTERIOR	FUTURE PERFECT	
j'eus failli etc	j'aurai failli etc	

IMPERATIVE	CONDITIONAL	
	PRESENT	**PAST**
	je faillirais	j'aurais failli
	tu faillirais	tu aurais failli
	il faillirait	il aurait failli
	nous faillirions	nous aurions failli
	vous failliriez	vous auriez failli
	ils failliraient	ils auraient failli

SUBJUNCTIVE		
PRESENT	**IMPERFECT**	**PERFECT**
		j'aie failli
		tu aies failli
		il ait failli
		nous ayons failli
		vous ayez failli
		ils aient failli

INFINITIVE	PARTICIPLE	NOTE
PRESENT	**PRESENT**	j'ai failli = *I nearly fell;* *follows model of* FINIR (92) *when it means 'to go bankrupt'*
faillir		
PAST	**PAST**	
avoir failli	failli	

FAIRE
to do, to make

PRESENT	IMPERFECT	FUTURE
je fais	je faisais	je ferai
tu fais	tu faisais	tu feras
il fait	il faisait	il fera
nous faisons	nous faisions	nous ferons
vous faites	vous faisiez	vous ferez
ils font	ils faisaient	ils feront

PAST HISTORIC	PERFECT	PLUPERFECT
je fis	j'ai fait	j'avais fait
tu fis	tu as fait	tu avais fait
il fit	il a fait	il avait fait
nous fîmes	nous avons fait	nous avions fait
vous fîtes	vous avez fait	vous aviez fait
ils firent	ils ont fait	ils avaient fait

PAST ANTERIOR	FUTURE PERFECT
j'eus fait etc	j'aurai fait etc

IMPERATIVE	CONDITIONAL	
	PRESENT	PAST
fais	je ferais	j'aurais fait
faisons	tu ferais	tu aurais fait
faites	il ferait	il aurait fait
	nous ferions	nous aurions fait
	vous feriez	vous auriez fait
	ils feraient	ils auraient fait

SUBJUNCTIVE

PRESENT	IMPERFECT	PERFECT
je fasse	je fisse	j'aie fait
tu fasses	tu fisses	tu aies fait
il fasse	il fît	il ait fait
nous fassions	nous fissions	nous ayons fait
vous fassiez	vous fissiez	vous ayez fait
ils fassent	ils fissent	ils aient fait

INFINITIVE	PARTICIPLE
PRESENT	PRESENT
faire	faisant
PAST	PAST
avoir fait	fait

FALLOIR
to be necessary

PRESENT	IMPERFECT	FUTURE
il faut	il fallait	il faudra

PAST HISTORIC	PERFECT	PLUPERFECT
il fallut	il a fallu	il avait fallu

PAST ANTERIOR	FUTURE PERFECT	
il eut fallu	il aura fallu	

IMPERATIVE	*CONDITIONAL*	
	PRESENT	**PAST**
	il faudrait	il aurait fallu

SUBJUNCTIVE		
PRESENT	**IMPERFECT**	**PERFECT**
il faille	il fallût	il ait fallu

INFINITIVE	*PARTICIPLE*
PRESENT	**PRESENT**
falloir	
PAST	**PAST**
avoir fallu	fallu

FINIR
to finish

PRESENT

je finis
tu finis
il finit
nous finissons
vous finissez
ils finissent

IMPERFECT

je finissais
tu finissais
il finissait
nous finissions
vous finissiez
ils finissaient

FUTURE

je finirai
tu finiras
il finira
nous finirons
vous finirez
ils finiront

PAST HISTORIC

je finis
tu finis
il finit
nous finîmes
vous finîtes
ils finirent

PERFECT

j'ai fini
tu as fini
il a fini
nous avons fini
vous avez fini
ils ont fini

PLUPERFECT

j'avais fini
tu avais fini
il avait fini
nous avions fini
vous aviez fini
ils avaient fini

PAST ANTERIOR

j'eus fini etc

FUTURE PERFECT

j'aurai fini etc

IMPERATIVE

finis
finissons
finissez

CONDITIONAL

PRESENT

je finirais
tu finirais
il finirait
nous finirions
vous finiriez
ils finiraient

PAST

j'aurais fini
tu aurais fini
il aurait fini
nous aurions fini
vous auriez fini
ils auraient fini

SUBJUNCTIVE

PRESENT

je finisse
tu finisses
il finisse
nous finissions
vous finissiez
ils finissent

IMPERFECT

je finisse
tu finisses
il finît
nous finissions
vous finissiez
ils finissent

PERFECT

j'aie fini
tu aies fini
il ait fini
nous ayons fini
vous ayez fini
ils aient fini

INFINITIVE

PRESENT

finir

PAST

avoir fini

PARTICIPLE

PRESENT

finissant

PAST

fini

FOUILLER
to search

PRESENT	IMPERFECT	FUTURE
je fouille	je fouillais	je fouillerai
tu fouilles	tu fouillais	tu fouilleras
il fouille	il fouillait	il fouillera
nous fouillons	nous fouillions	nous fouillerons
vous fouillez	vous fouilliez	vous fouillerez
ils fouillent	ils fouillaient	ils fouilleront

PAST HISTORIC	PERFECT	PLUPERFECT
je fouillai	j'ai fouillé	j'avais fouillé
tu fouillas	tu as fouillé	tu avais fouillé
il fouilla	il a fouillé	il avait fouillé
nous fouillâmes	nous avons fouillé	nous avions fouillé
vous fouillâtes	vous avez fouillé	vous aviez fouillé
ils fouillèrent	ils ont fouillé	ils avaient fouillé

PAST ANTERIOR	FUTURE PERFECT
j'eus fouillé etc	j'aurai fouillé etc

IMPERATIVE	CONDITIONAL	
	PRESENT	PAST
fouille	je fouillerais	j'aurais fouillé
fouillons	tu fouillerais	tu aurais fouillé
fouillez	il fouillerait	il aurait fouillé
	nous fouillerions	nous aurions fouillé
	vous fouilleriez	vous auriez fouillé
	ils fouilleraient	ils auraient fouillé

SUBJUNCTIVE		
PRESENT	IMPERFECT	PERFECT
je fouille	je fouillasse	j'aie fouillé
tu fouilles	tu fouillasses	tu aies fouillé
il fouille	il fouillât	il ait fouillé
nous fouillions	nous fouillassions	nous ayons fouillé
vous fouilliez	vous fouillassiez	vous ayez fouillé
ils fouillent	ils fouillassent	ils aient fouillé

INFINITIVE	PARTICIPLE
PRESENT	PRESENT
fouiller	fouillant
PAST	PAST
avoir fouillé	fouillé

FOUTRE
to put, to do *(colloquial)*

PRESENT	IMPERFECT	FUTURE
je fous	je foutais	je foutrai
tu fous	tu foutais	tu foutras
il fout	il foutait	il foutra
nous foutons	nous foutions	nous foutrons
vous foutez	vous foutiez	vous foutrez
ils foutent	ils foutaient	ils foutront

PAST HISTORIC	PERFECT	PLUPERFECT
	j'ai foutu	j'avais foutu
	tu as foutu	tu avais foutu
	il a foutu	il avait foutu
	nous avons foutu	nous avions foutu
	vous avez foutu	vous aviez foutu
	ils ont foutu	ils avaient foutu

PAST ANTERIOR	FUTURE PERFECT
j'eus foutu etc	j'aurai foutu etc

IMPERATIVE	CONDITIONAL	
	PRESENT	PAST
fous	je foutrais	j'aurais foutu
foutons	tu foutrais	tu aurais foutu
foutez	il foutrait	il aurait foutu
	nous foutrions	nous aurions foutu
	vous foutriez	vous auriez foutu
	ils foutraient	ils auraient foutu

SUBJUNCTIVE

PRESENT	IMPERFECT	PERFECT
je foute		j'aie foutu
tu foutes		tu aies foutu
il foute		il ait foutu
nous foutions		nous ayons foutu
vous foutiez		vous ayez foutu
ils foutent		ils aient foutu

INFINITIVE	PARTICIPLE
PRESENT	PRESENT
foutre	foutant
PAST	PAST
avoir foutu	foutu

95

FRIRE
to fry

PRESENT	IMPERFECT	FUTURE
je fris		
tu fris		
il frit		

PAST HISTORIC	PERFECT	PLUPERFECT
	j'ai frit	j'avais frit
	tu as frit	tu avais frit
	il a frit	il avait frit
	nous avons frit	nous avions frit
	vous avez frit	vous aviez frit
	ils ont frit	ils avaient frit

PAST ANTERIOR	FUTURE PERFECT
j'eus frit etc	j'aurai frit etc

IMPERATIVE	CONDITIONAL	
	PRESENT	PAST
fris		j'aurais frit
		tu aurais frit
		il aurait frit
		nous aurions frit
		vous auriez frit
		ils auraient frit

SUBJUNCTIVE		
PRESENT	IMPERFECT	PERFECT
		j'aie frit
		tu aies frit
		il ait frit
		nous ayons frit
		vous ayez frit
		ils aient frit

INFINITIVE	PARTICIPLE	NOTE
PRESENT	PRESENT	
frire		
PAST	PAST	
avoir frit	frit	

PRESENT	IMPERFECT	FUTURE
je fuis	je fuyais	je fuirai
tu fuis	tu fuyais	tu fuiras
il fuit	il fuyait	il fuira
nous fuyons	nous fuyions	nous fuirons
vous fuyez	vous fuyiez	vous fuirez
ils fuient	ils fuyaient	ils fuiront

PAST HISTORIC	PERFECT	PLUPERFECT
je fuis	j'ai fui	j'avais fui
tu fuis	tu as fui	tu avais fui
il fuit	il a fui	il avait fui
nous fuîmes	nous avons fui	nous avions fui
vous fuîtes	vous avez fui	vous aviez fui
ils fuirent	ils ont fui	ils avaient fui

PAST ANTERIOR	FUTURE PERFECT
j'eus fui etc	j'aurai fui etc

IMPERATIVE	CONDITIONAL	
	PRESENT	PAST
fuis	je fuirais	j'aurais fui
fuyons	tu fuirais	tu aurais fui
fuyez	il fuirait	il aurait fui
	nous fuirions	nous aurions fui
	vous fuiriez	vous auriez fui
	ils fuiraient	ils auraient fui

SUBJUNCTIVE

PRESENT	IMPERFECT	PERFECT
je fuie	je fuisse	j'aie fui
tu fuies	tu fuisses	tu aies fui
il fuie	il fuît	il ait fui
nous fuyions	nous fuissions	nous ayons fui
vous fuyiez	vous fuissiez	vous ayez fui
ils fuient	ils fuissent	ils aient fui

INFINITIVE	PARTICIPLE
PRESENT	PRESENT
fuir	fuyant
PAST	PAST
avoir fui	fui

GAGNER
to win

PRESENT	IMPERFECT	FUTURE
je gagne	je gagnais	je gagnerai
tu gagnes	tu gagnais	tu gagneras
il gagne	il gagnait	il gagnera
nous gagnons	nous gagnions	nous gagnerons
vous gagnez	vous gagniez	vous gagnerez
ils gagnent	ils gagnaient	ils gagneront

PAST HISTORIC	PERFECT	PLUPERFECT
je gagnai	j'ai gagné	j'avais gagné
tu gagnas	tu as gagné	tu avais gagné
il gagna	il a gagné	il avait gagné
nous gagnâmes	nous avons gagné	nous avions gagné
vous gagnâtes	vous avez gagné	vous aviez gagné
ils gagnèrent	ils ont gagné	ils avaient gagné

PAST ANTERIOR	FUTURE PERFECT
j'eus gagné etc	j'aurai gagné etc

IMPERATIVE	CONDITIONAL	
	PRESENT	PAST
gagne	je gagnerais	j'aurais gagné
gagnons	tu gagnerais	tu aurais gagné
gagnez	il gagnerait	il aurait gagné
	nous gagnerions	nous aurions gagné
	vous gagneriez	vous auriez gagné
	ils gagneraient	ils auraient gagné

SUBJUNCTIVE

PRESENT	IMPERFECT	PERFECT
je gagne	je gagnasse	j'aie gagné
tu gagnes	tu gagnasses	tu aies gagné
il gagne	il gagnât	il ait gagné
nous gagnions	nous gagnassions	nous ayons gagné
vous gagniez	vous gagnassiez	vous ayez gagné
ils gagnent	ils gagnassent	ils aient gagné

INFINITIVE	PARTICIPLE
PRESENT	PRESENT
gagner	gagnant
PAST	PAST
avoir gagné	gagné

GESIR
to be lying

PRESENT	IMPERFECT	FUTURE
je gis	je gisais	
tu gis	tu gisais	
il gît	il gisait	
nous gisons	nous gisions	
vous gisez	vous gisiez	
ils gisent	ils gisaient	

PAST HISTORIC	PERFECT	PLUPERFECT

PAST ANTERIOR	FUTURE PERFECT

IMPERATIVE	CONDITIONAL	
	PRESENT	PAST

SUBJUNCTIVE		
PRESENT	IMPERFECT	PERFECT

INFINITIVE	PARTICIPLE	
PRESENT	PRESENT	
gésir	gisant	
PAST	PAST	

HAIR
to hate

PRESENT	IMPERFECT	FUTURE
je hais	je haïssais	je haïrai
tu hais	tu haïssais	tu haïras
il hait	il haïssait	il haïra
nous haïssons	nous haïssions	nous haïrons
vous haïssez	vous haïssiez	vous haïrez
ils haïssent	ils haïssaient	ils haïront

PAST HISTORIC	PERFECT	PLUPERFECT
je haïs	j'ai haï	j'avais haï
tu haïs	tu as haï	tu avais haï
il haït	il a haï	il avait haï
nous haïmes	nous avons haï	nous avions haï
vous haïtes	vous avez haï	vous aviez haï
ils haïrent	ils ont haï	ils avaient haï

PAST ANTERIOR	FUTURE PERFECT
j'eus haï etc	j'aurai haï etc

IMPERATIVE	CONDITIONAL	
	PRESENT	PAST
hais	je haïrais	j'aurais haï
haïssons	tu haïrais	tu aurais haï
haïssez	il haïrait	il aurait haï
	nous haïrions	nous aurions haï
	vous haïriez	vous auriez haï
	ils haïraient	ils auraient haï

SUBJUNCTIVE		
PRESENT	IMPERFECT	PERFECT
je haïsse	je haïsse	j'aie haï
tu haïsses	tu haïsses	tu aies haï
il haïsse	il haït	il ait haï
nous haïssions	nous haïssions	nous ayons haï
vous haïssiez	vous haïssiez	vous ayez haï
ils haïssent	ils haïssent	ils aient haï

INFINITIVE	PARTICIPLE
PRESENT	PRESENT
haïr	haïssant
PAST	PAST
avoir haï	haï

HESITER
to hesitate

100

PRESENT

j'hésite
tu hésites
il hésite
nous hésitons
vous hésitez
ils hésitent

IMPERFECT

j'hésitais
tu hésitais
il hésitait
nous hésitions
vous hésitiez
ils hésitaient

FUTURE

j'hésiterai
tu hésiteras
il hésitera
nous hésiterons
vous hésiterez
ils hésiteront

PAST HISTORIC

j'hésitai
tu hésitas
il hésita
nous hésitâmes
vous hésitâtes
ils hésitèrent

PERFECT

j'ai hésité
tu as hésité
il a hésité
nous avons hésité
vous avez hésité
ils ont hésité

PLUPERFECT

j'avais hésité
tu avais hésité
il avait hésité
nous avions hésité
vous aviez hésité
ils avaient hésité

PAST ANTERIOR

j'eus hésité etc

FUTURE PERFECT

j'aurai hésité etc

IMPERATIVE

hésite
hésitons
hésitez

CONDITIONAL

PRESENT

j'hésiterais
tu hésiterais
il hésiterait
nous hésiterions
vous hésiteriez
ils hésiteraient

PAST

j'aurais hésité
tu aurais hésité
il aurait hésité
nous aurions hésité
vous auriez hésité
ils auraient hésité

SUBJUNCTIVE

PRESENT

j'hésite
tu hésites
il hésite
nous hésitions
vous hésitiez
ils hésitent

IMPERFECT

j'hésitasse
tu hésitasses
il hésitât
nous hésitassions
vous hésitassiez
ils hésitassent

PERFECT

j'aie hésité
tu aies hésité
il ait hésité
nous ayons hésité
vous ayez hésité
ils aient hésité

INFINITIVE

PRESENT

hésiter

PAST

avoir hésité

PARTICIPLE

PRESENT

hésitant

PAST

hésité

HURLER
to yell

PRESENT	IMPERFECT	FUTURE
je hurle	je hurlais	je hurlerai
tu hurles	tu hurlais	tu hurleras
il hurle	il hurlait	il hurlera
nous hurlons	nous hurlions	nous hurlerons
vous hurlez	vous hurliez	vous hurlerez
ils hurlent	ils hurlaient	ils hurleront

PAST HISTORIC	PERFECT	PLUPERFECT
je hurlai	j'ai hurlé	j'avais hurlé
tu hurlas	tu as hurlé	tu avais hurlé
il hurla	il a hurlé	il avait hurlé
nous hurlâmes	nous avons hurlé	nous avions hurlé
vous hurlâtes	vous avez hurlé	vous aviez hurlé
ils hurlèrent	ils ont hurlé	ils avaient hurlé

PAST ANTERIOR	FUTURE PERFECT
j'eus hurlé etc	j'aurai hurlé etc

IMPERATIVE	CONDITIONAL	
	PRESENT	PAST
hurle	je hurlerais	j'aurais hurlé
hurlons	tu hurlerais	tu aurais hurlé
hurlez	il hurlerait	il aurait hurlé
	nous hurlerions	nous aurions hurlé
	vous hurleriez	vous auriez hurlé
	ils hurleraient	ils auraient hurlé

SUBJUNCTIVE	IMPERFECT	PERFECT
PRESENT		
je hurle	je hurlasse	j'aie hurlé
tu hurles	tu hurlasses	tu aies hurlé
il hurle	il hurlât	il ait hurlé
nous hurlions	nous hurlassions	nous ayons hurlé
vous hurliez	vous hurlassiez	vous ayez hurlé
ils hurlent	ils hurlassent	ils aient hurlé

INFINITIVE	PARTICIPLE
PRESENT	PRESENT
hurler	hurlant
PAST	PAST
avoir hurlé	hurlé

INCLURE
to include

PRESENT	IMPERFECT	FUTURE
j'inclus	j'incluais	j'inclurai
tu inclus	tu incluais	tu incluras
il inclut	il incluait	il inclura
nous incluons	nous incluions	nous inclurons
vous incluez	vous incluiez	vous inclurez
ils incluent	ils incluaient	ils incluront

PAST HISTORIC	PERFECT	PLUPERFECT
j'inclus	j'ai inclus	j'avais inclus
tu inclus	tu as inclus	tu avais inclus
il inclut	il a inclus	il avait inclus
nous inclûmes	nous avons inclus	nous avions inclus
vous inclûtes	vous avez inclus	vous aviez inclus
ils inclurent	ils ont inclus	ils avaient inclus

PAST ANTERIOR	FUTURE PERFECT
j'eus inclus etc	j'aurai inclus etc

IMPERATIVE	CONDITIONAL	
	PRESENT	PAST
inclus	j'inclurais	j'aurais inclus
incluons	tu inclurais	tu aurais inclus
incluez	il inclurait	il aurait inclus
	nous inclurions	nous aurions inclus
	vous incluriez	vous auriez inclus
	ils incluraient	ils auraient inclus

SUBJUNCTIVE

PRESENT	IMPERFECT	PERFECT
j'inclue	j'inclusse	j'aie inclus
tu inclues	tu inclusses	tu aies inclus
il inclue	il inclût	il ait inclus
nous incluions	nous inclussions	nous ayons inclus
vous incluiez	vous inclussiez	vous ayez inclus
ils incluent	ils inclussent	ils aient inclus

INFINITIVE	PARTICIPLE
PRESENT	PRESENT
inclure	incluant
PAST	PAST
avoir inclus	inclus

INDIQUER
to indicate

PRESENT	IMPERFECT	FUTURE
j'indique	j'indiquais	j'indiquerai
tu indiques	tu indiquais	tu indiqueras
il indique	il indiquait	il indiquera
nous indiquons	nous indiquions	nous indiquerons
vous indiquez	vous indiquiez	vous indiquerez
ils indiquent	ils indiquaient	ils indiqueront

PAST HISTORIC	PERFECT	PLUPERFECT
j'indiquai	j'ai indiqué	j'avais indiqué
tu indiquas	tu as indiqué	tu avais indiqué
il indiqua	il a indiqué	il avait indiqué
nous indiquâmes	nous avons indiqué	nous avions indiqué
vous indiquâtes	vous avez indiqué	vous aviez indiqué
ils indiquèrent	ils ont indiqué	ils avaient indiqué

PAST ANTERIOR	FUTURE PERFECT
j'eus indiqué etc	j'aurai indiqué etc

IMPERATIVE	CONDITIONAL	
	PRESENT	PAST
indique	j'indiquerais	j'aurais indiqué
indiquons	tu indiquerais	tu aurais indiqué
indiquez	il indiquerait	il aurait indiqué
	nous indiquerions	nous aurions indiqué
	vous indiqueriez	vous auriez indiqué
	ils indiqueraient	ils auraient indiqué

SUBJUNCTIVE		
PRESENT	IMPERFECT	PERFECT
j'indique	j'indiquasse	j'aie indiqué
tu indiques	tu indiquasses	tu aies indiqué
il indique	il indiquât	il ait indiqué
nous indiquions	nous indiquassions	nous ayons indiqué
vous indiquiez	vous indiquassiez	vous ayez indiqué
ils indiquent	ils indiquassent	ils aient indiqué

INFINITIVE	PARTICIPLE
PRESENT	PRESENT
indiquer	indiquant
PAST	PAST
avoir indiqué	indiqué

PRESENT

j'intègre
tu intègres
il intègre
nous intégrons
vous intégrez
ils intègrent

IMPERFECT

j'intégrais
tu intégrais
il intégrait
nous intégrions
vous intégriez
ils intégraient

FUTURE

j'intégrerai
tu intégreras
il intégrera
nous intégrerons
vous intégrerez
ils intégreront

PAST HISTORIC

j'intégrai
tu intégras
il intégra
nous intégrâmes
vous intégrâtes
ils intégrèrent

PERFECT

j'ai intégré
tu as intégré
il a intégré
nous avons intégré
vous avez intégré
ils ont intégré

PLUPERFECT

j'avais intégré
tu avais intégré
il avait intégré
nous avions intégré
vous aviez intégré
ils avaient intégré

PAST ANTERIOR

j'eus intégré etc

FUTURE PERFECT

j'aurai intégré etc

IMPERATIVE

intègre
intégrons
intégrez

CONDITIONAL

PRESENT

j'intégrerais
tu intégrerais
il intégrerait
nous intégrerions
vous intégreriez
ils intégreraient

PAST

j'aurais intégré
tu aurais intégré
il aurait intégré
nous aurions intégré
vous auriez intégré
ils auraient intégré

SUBJUNCTIVE

PRESENT

j'intègre
tu intègres
il intègre
nous intégrions
vous intégriez
ils intègrent

IMPERFECT

j'intégrasse
tu intégrasses
il intégrât
nous intégrassions
vous intégrassiez
ils intégrassent

PERFECT

j'aie intégré
tu aies intégré
il ait intégré
nous ayons intégré
vous ayez intégré
ils aient intégré

INFINITIVE

PRESENT

intégrer

PAST

avoir intégré

PARTICIPLE

PRESENT

intégrant

PAST

intégré

INTERDIRE
to forbid

PRESENT	IMPERFECT	FUTURE
j'interdis	j'interdisais	j'interdirai
tu interdis	tu interdisais	tu interdiras
il interdit	il interdisait	il interdira
nous interdisons	nous interdisions	nous interdirons
vous interdisez	vous interdisiez	vous interdirez
ils interdisent	ils interdisaient	ils interdiront

PAST HISTORIC	PERFECT	PLUPERFECT
j'interdis	j'ai interdit	j'avais interdit
tu interdis	tu as interdit	tu avais interdit
il interdit	il a interdit	il avait interdit
nous interdîmes	nous avons interdit	nous avions interdit
vous interdîtes	vous avez interdit	vous aviez interdit
ils interdirent	ils ont interdit	ils avaient interdit

PAST ANTERIOR	FUTURE PERFECT
j'eus interdit etc	j'aurai interdit etc

IMPERATIVE	CONDITIONAL	
	PRESENT	PAST
interdis	j'interdirais	j'aurais interdit
interdisons	tu interdirais	tu aurais interdit
interdisez	il interdirait	il aurait interdit
	nous interdirions	nous aurions interdit
	vous interdiriez	vous auriez interdit
	ils interdiraient	ils auraient interdit

SUBJUNCTIVE

PRESENT	IMPERFECT	PERFECT
j'interdise	j'interdisse	j'aie interdit
tu interdises	tu interdisses	tu aies interdit
il interdise	il interdît	il ait interdit
nous interdisions	nous interdissions	nous ayons interdit
vous interdisiez	vous interdissiez	vous ayez interdit
ils interdisent	ils interdissent	ils aient interdit

INFINITIVE	PARTICIPLE	NOTE
PRESENT	PRESENT	
interdire	interdisant	
PAST	PAST	
avoir interdit	interdit	

INTERPELLER
to call out to

PRESENT	IMPERFECT	FUTURE
j'interpelle	j'interpellais	j'interpellerai
tu interpelles	tu interpellais	tu interpelleras
il interpelle	il interpellait	il interpellera
nous interpellons	nous interpellions	nous interpellerons
vous interpellez	vous interpelliez	vous interpellerez
ils interpellent	ils interpellaient	ils interpelleront

PAST HISTORIC	PERFECT	PLUPERFECT
j'interpellai	j'ai interpellé	j'avais interpellé
tu interpellas	tu as interpellé	tu avais interpellé
il interpella	il a interpellé	il avait interpellé
nous interpellâmes	nous avons interpellé	nous avions interpellé
vous interpellâtes	vous avez interpellé	vous aviez interpellé
ils interpellèrent	ils ont interpellé	ils avaient interpellé

PAST ANTERIOR	FUTURE PERFECT
j'eus interpellé etc	j'aurai interpellé etc

IMPERATIVE	CONDITIONAL	
	PRESENT	PAST
interpelle	j'interpellerais	j'aurais interpellé
interpellons	tu interpellerais	tu aurais interpellé
interpellez	il interpellerait	il aurait interpellé
	nous interpellerions	nous aurions interpellé
	vous interpelleriez	vous auriez interpellé
	ils interpelleraient	ils auraient interpellé

SUBJUNCTIVE

PRESENT	IMPERFECT	PERFECT
j'interpelle	j'interpellasse	j'aie interpellé
tu interpelles	tu interpellasses	tu aies interpellé
il interpelle	il interpellât	il ait interpellé
nous interpellions	nous interpellassions	nous ayons interpellé
vous interpelliez	vous interpellassiez	vous ayez interpellé
ils interpellent	ils interpellassent	ils aient interpellé

INFINITIVE	PARTICIPLE
PRESENT	PRESENT
interpeller	interpellant
PAST	PAST
avoir interpellé	interpellé

INTRODUIRE
to introduce

PRESENT	IMPERFECT	FUTURE
j'introduis	j'introduisais	j'introduirai
tu introduis	tu introduisais	tu introduiras
il introduit	il introduisait	il introduira
nous introduisons	nous introduisions	nous introduirons
vous introduisez	vous introduisiez	vous introduirez
ils introduisent	ils introduisaient	ils introduiront

PAST HISTORIC	PERFECT	PLUPERFECT
j'introduisis	j'ai introduit	j'avais introduit
tu introduisis	tu as introduit	tu avais introduit
il introduisit	il a introduit	il avait introduit
nous introduisîmes	nous avons introduit	nous avions introduit
vous introduisîtes	vous avez introduit	vous aviez introduit
ils introduisirent	ils ont introduit	ils avaient introduit

PAST ANTERIOR	FUTURE PERFECT
j'eus introduit etc	j'aurai introduit etc

IMPERATIVE	CONDITIONAL	
	PRESENT	PAST
introduis	j'introduirais	j'aurais introduit
introduisons	tu introduirais	tu aurais introduit
introduisez	il introduirait	il aurait introduit
	nous introduirions	nous aurions introduit
	vous introduiriez	vous auriez introduit
	ils introduiraient	ils auraient introduit

SUBJUNCTIVE

PRESENT	IMPERFECT	PERFECT
j'introduise	j'introduisisse	j'aie introduit
tu introduises	tu introduisisses	tu aies introduit
il introduise	il introduisît	il ait introduit
nous introduisions	nous introduisissions	nous ayons introduit
vous introduisiez	vous introduisissiez	vous ayez introduit
ils introduisent	ils introduisissent	ils aient introduit

INFINITIVE	PARTICIPLE
PRESENT	PRESENT
introduire	introduisant
PAST	PAST
avoir introduit	introduit

PRESENT	IMPERFECT	FUTURE
je jette	je jetais	je jetterai
tu jettes	tu jetais	tu jetteras
il jette	il jetait	il jettera
nous jetons	nous jetions	nous jetterons
vous jetez	vous jetiez	vous jetterez
ils jettent	ils jetaient	ils jetteront

PAST HISTORIC	PERFECT	PLUPERFECT
je jetai	j'ai jeté	j'avais jeté
tu jetas	tu as jeté	tu avais jeté
il jeta	il a jeté	il avait jeté
nous jetâmes	nous avons jeté	nous avions jeté
vous jetâtes	vous avez jeté	vous aviez jeté
ils jetèrent	ils ont jeté	ils avaient jeté

PAST ANTERIOR	FUTURE PERFECT
j'eus jeté etc	j'aurai jeté etc

IMPERATIVE	CONDITIONAL	
	PRESENT	PAST
jette	je jetterais	j'aurais jeté
jetons	tu jetterais	tu aurais jeté
jetez	il jetterait	il aurait jeté
	nous jetterions	nous aurions jeté
	vous jetteriez	vous auriez jeté
	ils jetteraient	ils auraient jeté

SUBJUNCTIVE

PRESENT	IMPERFECT	PERFECT
je jette	je jetasse	j'aie jeté
tu jettes	tu jetasses	tu aies jeté
il jette	il jetât	il ait jeté
nous jetions	nous jetassions	nous ayons jeté
vous jetiez	vous jetassiez	vous ayez jeté
ils jettent	ils jetassent	ils aient jeté

INFINITIVE	PARTICIPLE
PRESENT	PRESENT
jeter	jetant
PAST	PAST
avoir jeté	jeté

JOINDRE
to join

PRESENT	IMPERFECT	FUTURE
je joins	je joignais	je joindrai
tu joins	tu joignais	tu joindras
il joint	il joignait	il joindra
nous joignons	nous joignions	nous joindrons
vous joignez	vous joigniez	vous joindrez
ils joignent	ils joignaient	ils joindront

PAST HISTORIC	PERFECT	PLUPERFECT
je joignis	j'ai joint	j'avais joint
tu joignis	tu as joint	tu avais joint
il joignit	il a joint	il avait joint
nous joignîmes	nous avons joint	nous avions joint
vous joignîtes	vous avez joint	vous aviez joint
ils joignirent	ils ont joint	ils avaient joint

PAST ANTERIOR	FUTURE PERFECT
j'eus joint etc	j'aurai joint etc

IMPERATIVE	CONDITIONAL	
	PRESENT	PAST
joins	je joindrais	j'aurais joint
joignons	tu joindrais	tu aurais joint
joignez	il joindrait	il aurait joint
	nous joindrions	nous aurions joint
	vous joindriez	vous auriez joint
	ils joindraient	ils auraient joint

SUBJUNCTIVE

PRESENT	IMPERFECT	PERFECT
je joigne	je joignisse	j'aie joint
tu joignes	tu joignisses	tu aies joint
il joigne	il joignît	il ait joint
nous joignions	nous joignissions	nous ayons joint
vous joigniez	vous joignissiez	vous ayez joint
ils joignent	ils joignissent	ils aient joint

INFINITIVE	PARTICIPLE	NOTE
PRESENT	PRESENT	oindre: *only infinitive*
joindre	joignant	*and past participle are*
		used
PAST	PAST	
avoir joint	joint	

PRESENT	IMPERFECT	FUTURE
je joue	je jouais	je jouerai
tu joues	tu jouais	tu joueras
il joue	il jouait	il jouera
nous jouons	nous jouions	nous jouerons
vous jouez	vous jouiez	vous jouerez
ils jouent	ils jouaient	ils joueront

PAST HISTORIC	PERFECT	PLUPERFECT
je jouai	j'ai joué	j'avais joué
tu jouas	tu as joué	tu avais joué
il joua	il a joué	il avait joué
nous jouâmes	nous avons joué	nous avions joué
vous jouâtes	vous avez joué	vous aviez joué
ils jouèrent	ils ont joué	ils avaient joué

PAST ANTERIOR	FUTURE PERFECT
j'eus joué etc	j'aurai joué etc

IMPERATIVE	*CONDITIONAL*	
	PRESENT	**PAST**
joue	je jouerais	j'aurais joué
jouons	tu jouerais	tu aurais joué
jouez	il jouerait	il aurait joué
	nous jouerions	nous aurions joué
	vous joueriez	vous auriez joué
	ils joueraient	ils auraient joué

SUBJUNCTIVE		
PRESENT	**IMPERFECT**	**PERFECT**
je joue	je jouasse	j'aie joué
tu joues	tu jouasses	tu aies joué
il joue	il jouât	il ait joué
nous jouions	nous jouassions	nous ayons joué
vous jouiez	vous jouassiez	vous ayez joué
ils jouent	ils jouassent	ils aient joué

INFINITIVE	*PARTICIPLE*
PRESENT	**PRESENT**
jouer	jouant
PAST	**PAST**
avoir joué	joué

JUGER
to judge

PRESENT	IMPERFECT	FUTURE
je juge	je jugeais	je jugerai
tu juges	tu jugeais	tu jugeras
il juge	il jugeait	il jugera
nous jugeons	nous jugions	nous jugerons
vous jugez	vous jugiez	vous jugerez
ils jugent	ils jugeaient	ils jugeront

PAST HISTORIC	PERFECT	PLUPERFECT
je jugeai	j'ai jugé	j'avais jugé
tu jugeas	tu as jugé	tu avais jugé
il jugea	il a jugé	il avait jugé
nous jugeâmes	nous avons jugé	nous avions jugé
vous jugeâtes	vous avez jugé	vous aviez jugé
ils jugèrent	ils ont jugé	ils avaient jugé

PAST ANTERIOR	FUTURE PERFECT
j'eus jugé etc	j'aurai jugé etc

IMPERATIVE	CONDITIONAL	
	PRESENT	PAST
juge	je jugerais	j'aurais jugé
jugeons	tu jugerais	tu aurais jugé
jugez	il jugerait	il aurait jugé
	nous jugerions	nous aurions jugé
	vous jugeriez	vous auriez jugé
	ils jugeraient	ils auraient jugé

SUBJUNCTIVE

PRESENT	IMPERFECT	PERFECT
je juge	je jugeasse	j'aie jugé
tu juges	tu jugeasses	tu aies jugé
il juge	il jugeât	il ait jugé
nous jugions	nous jugeassions	nous ayons jugé
vous jugiez	vous jugeassiez	vous ayez jugé
ils jugent	ils jugeassent	ils aient jugé

INFINITIVE	PARTICIPLE
PRESENT	PRESENT
juger	jugeant
PAST	PAST
avoir jugé	jugé

to throw

PRESENT	IMPERFECT	FUTURE
je lance	je lançais	je lancerai
tu lances	tu lançais	tu lanceras
il lance	il lançait	il lancera
nous lançons	nous lancions	nous lancerons
vous lancez	vous lanciez	vous lancerez
ils lancent	ils lançaient	ils lanceront

PAST HISTORIC	PERFECT	PLUPERFECT
je lançai	j'ai lancé	j'avais lancé
tu lanças	tu as lancé	tu avais lancé
il lança	il a lancé	il avait lancé
nous lançâmes	nous avons lancé	nous avions lancé
vous lançâtes	vous avez lancé	vous aviez lancé
ils lancèrent	ils ont lancé	ils avaient lancé

PAST ANTERIOR	FUTURE PERFECT
j'eus lancé etc	j'aurai lancé etc

IMPERATIVE	CONDITIONAL	
	PRESENT	PAST
lance	je lancerais	j'aurais lancé
lançons	tu lancerais	tu aurais lancé
lancez	il lancerait	il aurait lancé
	nous lancerions	nous aurions lancé
	vous lanceriez	vous auriez lancé
	ils lanceraient	ils auraient lancé

SUBJUNCTIVE

PRESENT	IMPERFECT	PERFECT
je lance	je lançasse	j'aie lancé
tu lances	tu lançasses	tu aies lancé
il lance	il lançât	il ait lancé
nous lancions	nous lançassions	nous ayons lancé
vous lanciez	vous lançassiez	vous ayez lancé
ils lancent	ils lançassent	ils aient lancé

INFINITIVE	PARTICIPLE
PRESENT	PRESENT
lancer	lançant
PAST	PAST
avoir lancé	lancé

LEGUER
to bequeath

PRESENT	IMPERFECT	FUTURE
je lègue	je léguais	je léguerai
tu lègues	tu léguais	tu légueras
il lègue	il léguait	il léguera
nous léguons	nous léguions	nous léguerons
vous léguez	vous léguiez	vous léguerez
ils lèguent	ils léguaient	ils légueront

PAST HISTORIC	PERFECT	PLUPERFECT
je léguai	j'ai légué	j'avais légué
tu léguas	tu as légué	tu avais légué
il légua	il a légué	il avait légué
nous léguâmes	nous avons légué	nous avions légué
vous léguâtes	vous avez légué	vous aviez légué
ils léguèrent	ils ont légué	ils avaient légué

PAST ANTERIOR	FUTURE PERFECT
j'eus légué etc	j'aurai légué etc

IMPERATIVE	CONDITIONAL	
	PRESENT	PAST
lègue	je léguerais	j'aurais légué
léguons	tu léguerais	tu aurais légué
léguez	il léguerait	il aurait légué
	nous léguerions	nous aurions légué
	vous légueriez	vous auriez légué
	ils légueraient	ils auraient légué

SUBJUNCTIVE

PRESENT	IMPERFECT	PERFECT
je lègue	je léguasse	j'aie légué
tu lègues	tu !éguasses	tu aies légué
il lègue	il léguât	il ait légué
nous léguions	nous léguassions	nous ayons légué
vous léguiez	vous léguassiez	vous ayez légué
ils lèguent	ils léguassent	ils aient légué

INFINITIVE	PARTICIPLE
PRESENT	PRESENT
léguer	léguant
PAST	PAST
avoir légué	légué

LESER
to wrong

114

PRESENT	IMPERFECT	FUTURE
je lèse	je lésais	je léserai
tu lèses	tu lésais	tu léseras
il lèse	il lésait	il lésera
nous lésons	nous lésions	nous léserons
vous lésez	vous lésiez	vous léserez
ils lèsent	ils lésaient	ils léseront

PAST HISTORIC	PERFECT	PLUPERFECT
je lésai	j'ai lésé	j'avais lésé
tu lésas	tu as lésé	tu avais lésé
il lésa	il a lésé	il avait lésé
nous lésâmes	nous avons lésé	nous avions lésé
vous lésâtes	vous avez lésé	vous aviez lésé
ils lésèrent	ils ont lésé	ils avaient lésé

PAST ANTERIOR	FUTURE PERFECT
j'eus lésé etc	j'aurai lésé etc

IMPERATIVE	CONDITIONAL	
	PRESENT	PAST
lèse	je léserais	j'aurais lésé
lésons	tu léserais	tu aurais lésé
lésez	il léserait	il aurait lésé
	nous léserions	nous aurions lésé
	vous léseriez	vous auriez lésé
	ils léseraient	ils auraient lésé

SUBJUNCTIVE

PRESENT	IMPERFECT	PERFECT
je lèse	je lésasse	j'aie lésé
tu lèses	tu lésasses	tu aies lésé
il lèse	il lésât	il ait lésé
nous lésions	nous lésassions	nous ayons lésé
vous lésiez	vous lésassiez	vous ayez lésé
ils lèsent	ils lésassent	ils aient lésé

INFINITIVE	PARTICIPLE
PRESENT	PRESENT
léser	lésant
PAST	PAST
avoir lésé	lésé

LIRE
to read

PRESENT	IMPERFECT	FUTURE
je lis	je lisais	je lirai
tu lis	tu lisais	tu liras
il lit	il lisait	il lira
nous lisons	nous lisions	nous lirons
vous lisez	vous lisiez	vous lirez
ils lisent	ils lisaient	ils liront

PAST HISTORIC	PERFECT	PLUPERFECT
je lus	j'ai lu	j'avais lu
tu lus	tu as lu	tu avais lu
il lut	il a lu	il avait lu
nous lûmes	nous avons lu	nous avions lu
vous lûtes	vous avez lu	vous aviez lu
ils lurent	ils ont lu	ils avaient lu

PAST ANTERIOR	FUTURE PERFECT
j'eus lu etc	j'aurai lu etc

IMPERATIVE	CONDITIONAL	
	PRESENT	PAST
lis	je lirais	j'aurais lu
lisons	tu lirais	tu aurais lu
lisez	il lirait	il aurait lu
	nous lirions	nous aurions lu
	vous liriez	vous auriez lu
	ils liraient	ils auraient lu

SUBJUNCTIVE		
PRESENT	IMPERFECT	PERFECT
je lise	je lusse	j'aie lu
tu lises	tu lusses	tu aies lu
il lise	il lût	il ait lu
nous lisions	nous lussions	nous ayons lu
vous lisiez	vous lussiez	vous ayez lu
ils lisent	ils lussent	ils aient lu

INFINITIVE	PARTICIPLE
PRESENT	PRESENT
lire	lisant
PAST	PAST
avoir lu	lu

to eat

PRESENT	IMPERFECT	FUTURE
je mange	je mangeais	je mangerai
tu manges	tu mangeais	tu mangeras
il mange	il mangeait	il mangera
nous mangeons	nous mangions	nous mangerons
vous mangez	vous mangiez	vous mangerez
ils mangent	ils mangeaient	ils mangeront

PAST HISTORIC	PERFECT	PLUPERFECT
je mangeai	j'ai mangé	j'avais mangé
tu mangeas	tu as mangé	tu avais mangé
il mangea	il a mangé	il avait mangé
nous mangeâmes	nous avons mangé	nous avions mangé
vous mangeâtes	vous avez mangé	vous aviez mangé
ils mangèrent	ils ont mangé	ils avaient mangé

PAST ANTERIOR	FUTURE PERFECT
j'eus mangé etc	j'aurai mangé etc

IMPERATIVE	CONDITIONAL	
	PRESENT	PAST
mange	je mangerais	j'aurais mangé
mangeons	tu mangerais	tu aurais mangé
mangez	il mangerait	il aurait mangé
	nous mangerions	nous aurions mangé
	vous mangeriez	vous auriez mangé
	ils mangeraient	ils auraient mangé

SUBJUNCTIVE

PRESENT	IMPERFECT	PERFECT
je mange	je mangeasse	j'aie mangé
tu manges	tu mangeasses	tu aies mangé
il mange	il mangeât	il ait mangé
nous mangions	nous mangeassions	nous ayons mangé
vous mangiez	vous mangeassiez	vous ayez mangé
ils mangent	ils mangeassent	ils aient mangé

INFINITIVE	PARTICIPLE
PRESENT	PRESENT
manger	mangeant
PAST	PAST
avoir mangé	mangé

117 MAUDIRE
to curse

PRESENT

je maudis
tu maudis
il maudit
nous maudissons
vous maudissez
ils maudissent

IMPERFECT

je maudissais
tu maudissais
il maudissait
nous maudissions
vous maudissiez
ils maudissaient

FUTURE

je maudirai
tu maudiras
il maudira
nous maudirons
vous maudirez
ils maudiront

PAST HISTORIC

je maudis
tu maudis
il maudit
nous maudîmes
vous maudîtes
ils maudirent

PERFECT

j'ai maudit
tu as maudit
il a maudit
nous avons maudit
vous avez maudit
ils ont maudit

PLUPERFECT

j'avais maudit
tu avais maudit
il avait maudit
nous avions maudit
vous aviez maudit
ils avaient maudit

PAST ANTERIOR

j'eus maudit etc

FUTURE PERFECT

j'aurai maudit etc

IMPERATIVE

maudis
maudissons
maudissez

CONDITIONAL

PRESENT

je maudirais
tu maudirais
il maudirait
nous maudirions
vous maudiriez
ils maudiraient

PAST

j'aurais maudit
tu aurais maudit
il aurait maudit
nous aurions maudit
vous auriez maudit
ils auraient maudit

SUBJUNCTIVE

PRESENT

je maudisse
tu maudisses
il maudisse
nous maudissions
vous maudissiez
ils maudissent

IMPERFECT

je maudisse
tu maudisses
il maudît
nous maudissions
vous maudissiez
ils maudissent

PERFECT

j'aie maudit
tu aies maudit
il ait maudit
nous ayons maudit
vous ayez maudit
ils aient maudit

INFINITIVE

PRESENT

maudire

PAST

avoir maudit

PARTICIPLE

PRESENT

maudissant

PAST

maudit

SE MEFIER
to be suspicious

118

PRESENT	IMPERFECT	FUTURE
je me méfie	je me méfiais	je me méfierai
tu te méfies	tu te méfiais	tu te méfieras
il se méfie	il se méfiait	il se méfiera
nous nous méfions	nous nous méfiions	nous nous méfierons
vous vous méfiez	vous vous méfiiez	vous vous méfierez
ils se méfient	ils se méfiaient	ils se méfieront

PAST HISTORIC	PERFECT	PLUPERFECT
je me méfiai	je me suis méfié	je m'étais méfié
tu te méfias	tu t'es méfié	tu t'étais méfié
il se méfia	il s'est méfié	il s'était méfié
nous nous méfiâmes	nous ns. sommes méfiés	nous ns. étions méfiés
vous vous méfiâtes	vous vs. êtes méfié(s)	vous vs. étiez méfié(s)
ils se méfièrent	ils se sont méfiés	ils s'étaient méfiés

PAST ANTERIOR	FUTURE PERFECT
je me fus méfié etc	je me serai méfié etc

IMPERATIVE	*CONDITIONAL*	
	PRESENT	PAST
méfie-toi	je me méfierais	je me serais méfié
méfions-nous	tu te méfierais	tu te serais méfié
méfiez-vous	il se méfierait	il se serait méfié
	nous nous méfierions	nous ns. serions méfiés
	vous vous méfieriez	vous vs. seriez méfié(s)
	ils se méfieraient	ils se seraient méfiés

SUBJUNCTIVE

PRESENT	IMPERFECT	PERFECT
je me méfie	je me méfiasse	je me sois méfié
tu te méfies	tu te méfiasses	tu te sois méfié
il se méfie	il se méfiât	il se soit méfié
nous nous méfiions	nous nous méfiassions	nous ns. soyons méfiés
vous vous méfiiez	vous vous méfiassiez	vous vs. soyez méfié(s)
ils se méfient	ils se méfiassent	ils se soient méfiés

INFINITIVE	*PARTICIPLE*
PRESENT	PRESENT
se méfier	se méfiant
PAST	PAST
s'être méfié	méfié

MENER
to lead

PRESENT	IMPERFECT	FUTURE
je mène	je menais	je mènerai
tu mènes	tu menais	tu mèneras
il mène	il menait	il mènera
nous menons	nous menions	nous mènerons
vous menez	vous meniez	vous mènerez
ils mènent	ils menaient	ils mèneront

PAST HISTORIC	PERFECT	PLUPERFECT
je menai	j'ai mené	j'avais mené
tu menais	tu as mené	tu avais mené
il mena	il a mené	il avait mené
nous menâmes	nous avons mené	nous avions mené
vous menâtes	vous avez mené	vous aviez mené
ils menèrent	ils ont mené	ils avaient mené

PAST ANTERIOR	FUTURE PERFECT
j'eus mené etc	j'aurai mené etc

IMPERATIVE	*CONDITIONAL*	
	PRESENT	PAST
mène	je mènerais	j'aurais mené
menons	tu mènerais	tu aurais mené
menez	il mènerait	il aurait mené
	nous mènerions	nous aurions mené
	vous mèneriez	vous auriez mené
	ils mèneraient	ils auraient mené

SUBJUNCTIVE		
PRESENT	IMPERFECT	PERFECT
je mène	je menasse	j'aie mené
tu mènes	tu menasses	tu aies mené
il mène	il menât	il ait mené
nous menions	nous menassions	nous ayons mené
vous meniez	vous menassiez	vous ayez mené
ils mènent	ils menassent	ils aient mené

INFINITIVE	*PARTICIPLE*
PRESENT	PRESENT
mener	menant
PAST	PAST
avoir mené	mené

MENTIR
to lie

PRESENT	IMPERFECT	FUTURE
je mens	je mentais	je mentirai
tu mens	tu mentais	tu mentiras
il ment	il mentait	il mentira
nous mentons	nous mentions	nous mentirons
vous mentez	vous mentiez	vous mentirez
ils mentent	ils mentaient	ils mentiront

PAST HISTORIC	PERFECT	PLUPERFECT
je mentis	j'ai menti	j'avais menti
tu mentis	tu as menti	tu avais menti
il mentit	il a menti	il avait menti
nous mentîmes	nous avons menti	nous avions menti
vous mentîtes	vous avez menti	vous aviez menti
ils mentirent	ils ont menti	ils avaient menti

PAST ANTERIOR	FUTURE PERFECT
j'eus menti etc	j'aurai menti etc

IMPERATIVE	CONDITIONAL	
	PRESENT	PAST
mens	je mentirais	j'aurais menti
mentons	tu mentirais	tu aurais menti
mentez	il mentirait	il aurait menti
	nous mentirions	nous aurions menti
	vous mentiriez	vous auriez menti
	ils mentiraient	ils auraient menti

SUBJUNCTIVE

PRESENT	IMPERFECT	PERFECT
je mente	je mentisse	j'aie menti
tu mentes	tu mentisses	tu aies menti
il mente	il mentît	il ait menti
nous mentions	nous mentissions	nous ayons menti
vous mentiez	vous mentissiez	vous ayez menti
ils mentent	ils mentissent	ils aient menti

INFINITIVE	PARTICIPLE
PRESENT	PRESENT
mentir	mentant
PAST	PAST
avoir menti	menti

121

METTRE
to put

PRESENT	**IMPERFECT**	**FUTURE**
je mets	je mettais	je mettrai
tu mets	tu mettais	tu mettras
il met	il mettait	il mettra
nous mettons	nous mettions	nous mettrons
vous mettez	vous mettiez	vous mettrez
ils mettent	ils mettaient	ils mettront

PAST HISTORIC	**PERFECT**	**PLUPERFECT**
je mis	j'ai mis	j'avais mis
tu mis	tu as mis	tu avais mis
il mit	il a mis	il avait mis
nous mîmes	nous avons mis	nous avions mis
vous mîtes	vous avez mis	vous aviez mis
ils mirent	ils ont mis	ils avaient mis

PAST ANTERIOR	**FUTURE PERFECT**
j'eus mis etc	j'aurai mis etc

IMPERATIVE	**CONDITIONAL**	
	PRESENT	**PAST**
mets	je mettrais	j'aurais mis
mettons	tu mettrais	tu aurais mis
mettez	il mettrait	il aurait mis
	nous mettrions	nous aurions mis
	vous mettriez	vous auriez mis
	ils mettraient	ils auraient mis

SUBJUNCTIVE		
PRESENT	**IMPERFECT**	**PERFECT**
je mette	je misse	j'aie mis
tu mettes	tu misses	tu aies mis
il mette	il mît	il ait mis
nous mettions	nous missions	nous ayons mis
vous mettiez	vous missiez	vous ayez mis
ils mettent	ils missent	ils aient mis

INFINITIVE	**PARTICIPLE**
PRESENT	**PRESENT**
mettre	mettant
PAST	**PAST**
avoir mis	mis

MONTER
to go up

PRESENT	IMPERFECT	FUTURE
je monte	je montais	je monterai
tu montes	tu montais	tu monteras
il monte	il montait	il montera
nous montons	nous montions	nous monterons
vous montez	vous montiez	vous monterez
ils montent	ils montaient	ils monteront

PAST HISTORIC	PERFECT	PLUPERFECT
je montai	je suis monté	j'étais monté
tu montas	tu es monté	tu étais monté
il monta	il est monté	il était monté
nous montâmes	nous sommes montés	nous étions montés
vous montâtes	vous êtes monté(s)	vous étiez monté(s)
ils montèrent	ils sont montés	ils étaient montés

PAST ANTERIOR	FUTURE PERFECT
je fus monté etc	je serai monté etc

IMPERATIVE	CONDITIONAL	
	PRESENT	**PAST**
monte	je monterais	je serais monté
montons	tu monterais	tu serais monté
montez	il monterait	il serait monté
	nous monterions	nous serions montés
	vous monteriez	vous seriez monté(s)
	ils monteraient	ils seraient montés

SUBJUNCTIVE

PRESENT	IMPERFECT	PERFECT
je monte	je montasse	je sois monté
tu montes	tu montasses	tu sois monté
il monte	il montât	il soit monté
nous montions	nous montassions	nous soyons montés
vous montiez	vous montassiez	vous soyez monté(s)
ils montent	ils montassent	ils soient montés

INFINITIVE	PARTICIPLE	NOTE
PRESENT	**PRESENT**	auxiliary avoir when
monter	montant	transitive
PAST	**PAST**	
être monté	monté	

MORDRE
to bite

PRESENT	**IMPERFECT**	**FUTURE**
je mords	je mordais	je mordrai
tu mords	tu mordais	tu mordras
il mord	il mordait	il mordra
nous mordons	nous mordions	nous mordrons
vous mordez	vous mordiez	vous mordrez
ils mordent	ils mordaient	ils mordront

PAST HISTORIC	**PERFECT**	**PLUPERFECT**
je mordis	j'ai mordu	j'avais mordu
tu mordis	tu as mordu	tu avais mordu
il mordit	il a mordu	il avait mordu
nous mordîmes	nous avons mordu	nous avions mordu
vous mordîtes	vous avez mordu	vous aviez mordu
ils mordirent	ils ont mordu	ils avaient mordu

PAST ANTERIOR	**FUTURE PERFECT**
j'eus mordu etc	j'aurai mordu etc

IMPERATIVE	**CONDITIONAL**	
	PRESENT	**PAST**
mords	je mordrais	j'aurais mordu
mordons	tu mordrais	tu aurais mordu
mordez	il mordrait	il aurait mordu
	nous mordrions	nous aurions mordu
	vous mordriez	vous auriez mordu
	ils mordraient	ils auraient mordu

SUBJUNCTIVE		
PRESENT	**IMPERFECT**	**PERFECT**
je morde	je mordisse	j'aie mordu
tu mordes	tu mordisses	tu aies mordu
il morde	il mordît	il ait mordu
nous mordions	nous mordissions	nous ayons mordu
vous mordiez	vous mordissiez	vous ayez mordu
ils mordent	ils mordissent	ils aient mordu

INFINITIVE	**PARTICIPLE**
PRESENT	**PRESENT**
mordre	mordant
PAST	**PAST**
avoir mordu	mordu

MOUDRE
to grind

PRESENT	IMPERFECT	FUTURE
je mouds	je moulais	je moudrai
tu mouds	tu moulais	tu moudras
il moud	il moulait	il moudra
nous moulons	nous moulions	nous moudrons
vous moulez	vous mouliez	vous moudrez
ils moulent	ils moulaient	ils moudront

PAST HISTORIC	PERFECT	PLUPERFECT
je moulus	j'ai moulu	j'avais moulu
tu moulus	tu as moulu	tu avais moulu
il moulut	il a moulu	il avait moulu
nous moulûmes	nous avons moulu	nous avions moulu
vous moulûtes	vous avez moulu	vous aviez moulu
ils moulurent	ils ont moulu	ils avaient moulu

PAST ANTERIOR	FUTURE PERFECT
j'eus moulu etc	j'aurai moulu etc

IMPERATIVE	CONDITIONAL	
	PRESENT	PAST
mouds	je moudrais	j'aurais moulu
moulons	tu moudrais	tu aurais moulu
moulez	il moudrait	il aurait moulu
	nous moudrions	nous aurions moulu
	vous moudriez	vous auriez moulu
	ils moudraient	ils auraient moulu

SUBJUNCTIVE

PRESENT	IMPERFECT	PERFECT
je moule	je moulusse	j'aie moulu
tu moules	tu moulusses	tu aies moulu
il moule	il moulût	il ait moulu
nous moulions	nous moulussions	nous ayons moulu
vous mouliez	vous moulussiez	vous ayez moulu
ils moulent	ils moulussent	ils aient moulu

INFINITIVE	PARTICIPLE
PRESENT	PRESENT
moudre	moulant
PAST	PAST
avoir moulu	moulu

MOURIR
to die

PRESENT	IMPERFECT	FUTURE
je meurs	je mourais	je mourrai
tu meurs	tu mourais	tu mourras
il meurt	il mourait	il mourra
nous mourons	nous mourions	nous mourrons
vous mourez	vous mouriez	vous mourrez
ils meurent	ils mouraient	ils mourront

PAST HISTORIC	PERFECT	PLUPERFECT
je mourus	je suis mort	j'étais mort
tu mourus	tu es mort	tu étais mort
il mourut	il est mort	il était mort
nous mourûmes	nous sommes morts	nous étions morts
vous mourûtes	vous êtes mort(s)	vous étiez mort(s)
ils moururent	ils sont morts	ils étaient morts

PAST ANTERIOR	FUTURE PERFECT
je fus mort etc	je serai mort etc

IMPERATIVE	CONDITIONAL	
	PRESENT	PAST
meurs	je mourrais	je serais mort
mourons	tu mourrais	tu serais mort
mourez	il mourrait	il serait mort
	nous mourrions	nous serions morts
	vous mourriez	vous seriez mort(s)
	ils mourraient	ils seraient morts

SUBJUNCTIVE

PRESENT	IMPERFECT	PERFECT
je meure	je mourusse	je sois mort
tu meures	tu mourusses	tu sois mort
il meure	il mourût	il soit mort
nous mourions	nous mourussions	nous soyons morts
vous mouriez	vous mourussiez	vous soyez mort(s)
ils meurent	ils mourussent	ils soient morts

INFINITIVE	PARTICIPLE
PRESENT	PRESENT
mourir	mourant
PAST	PAST
être mort	mort

to move

PRESENT	IMPERFECT	FUTURE
je meus	je mouvais	je mouvrai
tu meus	tu mouvais	tu mouvras
il meut	il mouvait	il mouvra
nous mouvons	nous mouvions	nous mouvrons
vous mouvez	vous mouviez	vous mouvrez
ils meuvent	ils mouvaient	ils mouvront

PAST HISTORIC	PERFECT	PLUPERFECT
je mus	j'ai mû	j'avais mû
tu mus	tu as mû	tu avais mû
il mut	il a mû	il avait mû
nous mûmes	nous avons mû	nous avions mû
vous mûtes	vous avez mû	vous aviez mû
ils murent	ils ont mû	ils avaient mû

PAST ANTERIOR	FUTURE PERFECT
j'eus mû etc	j'aurai mû etc

IMPERATIVE	CONDITIONAL	
	PRESENT	PAST
meus	je mouvrais	j'aurais mû
mouvons	tu mouvrais	tu aurais mû
mouvez	il mouvrait	il aurait mû
	nous mouvrions	nous aurions mû
	vous mouvriez	vous auriez mû
	ils mouvraient	ils auraient mû

SUBJUNCTIVE

PRESENT	IMPERFECT	PERFECT
je meuve	je musse	j'aie mû
tu meuves	tu musses	tu aies mû
il meuve	il mût	il ait mû
nous mouvions	nous mussions	nous ayons mû
vous mouviez	vous mussiez	vous ayez mû
ils meuvent	ils mussent	ils aient mû

INFINITIVE	PARTICIPLE
PRESENT	**PRESENT**
mouvoir	mouvant
PAST	**PAST**
avoir mû	mû (mue, mus)

NAITRE
to be born

PRESENT	IMPERFECT	FUTURE
je nais	je naissais	je naîtrai
tu nais	tu naissais	tu naîtras
il naît	il naissait	il naîtra
nous naissons	nous naissions	nous naîtrons
vous naissez	vous naissiez	vous naîtrez
ils naissent	ils naissaient	ils naîtront

PAST HISTORIC	PERFECT	PLUPERFECT
je naquis	je suis né	j'étais né
tu naquis	tu es né	tu étais né
il naquit	il est né	il était né
nous naquîmes	nous sommes nés	nous étions nés
vous naquîtes	vous êtes né(s)	vous étiez né(s)
ils naquirent	ils sont nés	ils étaient nés

PAST ANTERIOR	FUTURE PERFECT
je fus né etc	je serai né etc

IMPERATIVE	CONDITIONAL	
	PRESENT	PAST
nais	je naîtrais	je serais né
naissons	tu naîtrais	tu serais né
naissez	il naîtrait	il serait né
	nous naîtrions	nous serions né
	vous naîtriez	vous seriez né(s)
	ils naîtraient	ils seraient nés

SUBJUNCTIVE

PRESENT	IMPERFECT	PERFECT
je naisse	je naquisse	je sois né
tu naisses	tu naquisses	tu sois né
il naisse	il naquît	il soit né
nous naissions	nous naquissions	nous soyons nés
vous naissiez	vous naquissiez	vous soyez né(s)
ils naissent	ils naquissent	ils soient nés

INFINITIVE	PARTICIPLE
PRESENT	PRESENT
naître	naissant
PAST	PAST
être né	né

NARGUER
to taunt

PRESENT	IMPERFECT	FUTURE
je nargue	je narguais	je narguerai
tu nargues	tu narguais	tu nargueras
il nargue	il narguait	il narguera
nous narguons	nous narguions	nous narguerons
vous narguez	vous narguiez	vous narguerez
ils narguent	ils narguaient	ils nargueront

PAST HISTORIC	PERFECT	PLUPERFECT
je narguai	j'ai nargué	j'avais nargué
tu narguas	tu as nargué	tu avais nargué
il nargua	il a nargué	il avait nargué
nous narguâmes	nous avons nargué	nous avions nargué
vous narguâtes	vous avez nargué	vous aviez nargué
ils narguèrent	ils ont nargué	ils avaient nargué

PAST ANTERIOR	FUTURE PERFECT
j'eus nargué etc	j'aurai nargué etc

IMPERATIVE	CONDITIONAL	
	PRESENT	PAST
nargue	je narguerais	j'aurais nargué
narguons	tu narguerais	tu aurais nargué
narguez	il narguerait	il aurait nargué
	nous narguerions	nous aurions nargué
	vous nargueriez	vous auriez nargué
	ils nargueraient	ils auraient nargué

SUBJUNCTIVE

PRESENT	IMPERFECT	PERFECT
je nargue	je narguasse	j'aie nargué
tu nargues	tu narguasses	tu aies nargué
il nargue	il narguât	il ait nargué
nous narguions	nous narguassions	nous ayons nargué
vous narguiez	vous narguassiez	vous ayez nargué
ils narguent	ils narguassent	ils aient nargué

INFINITIVE	PARTICIPLE
PRESENT	PRESENT
narguer	narguant
PAST	PAST
avoir nargué	nargué

NETTOYER
to clean

PRESENT	IMPERFECT	FUTURE
je nettoie	je nettoyais	je nettoierai
tu nettoies	tu nettoyais	tu nettoieras
il nettoie	il nettoyait	il nettoiera
nous nettoyons	nous nettoyions	nous nettoierons
vous nettoyez	vous nettoyiez	vous nettoierez
ils nettoient	ils nettoyaient	ils nettoieront

PAST HISTORIC	PERFECT	PLUPERFECT
je nettoyai	j'ai nettoyé	j'avais nettoyé
tu nettoyas	tu as nettoyé	tu avais nettoyé
il nettoya	il a nettoyé	il avait nettoyé
nous nettoyâmes	nous avons nettoyé	nous avions nettoyé
vous nettoyâtes	vous avez nettoyé	vous aviez nettoyé
ils nettoyèrent	ils ont nettoyé	ils avaient nettoyé

PAST ANTERIOR	FUTURE PERFECT
j'eus nettoyé etc	j'aurai nettoyé etc

IMPERATIVE	*CONDITIONAL*	
	PRESENT	**PAST**
nettoie	je nettoierais	j'aurais nettoyé
nettoyons	tu nettoierais	tu aurais nettoyé
nettoyez	il nettoierait	il aurait nettoyé
	nous nettoierions	nous aurions nettoyé
	vous nettoieriez	vous auriez nettoyé
	ils nettoieraient	ils auraient nettoyé

SUBJUNCTIVE

PRESENT	IMPERFECT	PERFECT
je nettoie	je nettoyasse	j'aie nettoyé
tu nettoies	tu nettoyasses	tu aies nettoyé
il nettoie	il nettoyât	il ait nettoyé
nous nettoyions	nous nettoyassions	nous ayons nettoyé
vous nettoyiez	vous nettoyassiez	vous ayez nettoyé
ils nettoient	ils nettoyassent	ils aient nettoyé

INFINITIVE	*PARTICIPLE*
PRESENT	**PRESENT**
nettoyer	nettoyant
PAST	**PAST**
avoir nettoyé	nettoyé

NUIRE
to harm

PRESENT	IMPERFECT	FUTURE
je nuis	je nuisais	je nuirai
tu nuis	tu nuisais	tu nuiras
il nuit	il nuisait	il nuira
nous nuisons	nous nuisions	nous nuirons
vous nuisez	vous nuisiez	vous nuirez
ils nuisent	ils nuisaient	ils nuiront

PAST HISTORIC	PERFECT	PLUPERFECT
je nuisis	j'ai nui	j'avais nui
tu nuisis	tu as nui	tu avais nui
il nuisit	il a nui	il avait nui
nous nuisîmes	nous avons nui	nous avions nui
vous nuisîtes	vous avez nui	vous aviez nui
ils nuisirent	ils ont nui	ils avaient nui

PAST ANTERIOR	FUTURE PERFECT
j'eus nui etc	j'aurai nui etc

IMPERATIVE	CONDITIONAL	
	PRESENT	
nuis	je nuirais	PAST
nuisons	tu nuirais	j'aurais nui
nuisez	il nuirait	tu aurais nui
	nous nuirions	il aurait nui
	vous nuiriez	nous aurions nui
	ils nuiraient	vous auriez nui
		ils auraient nui

SUBJUNCTIVE

PRESENT	IMPERFECT	PERFECT
je nuise	je nuisisse	j'aie nui
tu nuises	tu nuisisses	tu aies nui
il nuise	il nuisît	il ait nui
nous nuisions	nous nuisissions	nous ayons nui
vous nuisiez	vous nuisissiez	vous ayez nui
ils nuisent	ils nuisissent	ils aient nui

INFINITIVE	PARTICIPLE
PRESENT	PRESENT
nuire	nuisant
PAST	PAST
avoir nui	nui

OBEIR
to obey

PRESENT	IMPERFECT	FUTURE
j'obéis	j'obéissais	j'obéirai
tu obéis	tu obéissais	tu obéiras
il obéit	il obéissait	il obéira
nous obéissons	nous obéissions	nous obéirons
vous obéissez	vous obéissiez	vous obéirez
ils obéissent	ils obéissaient	ils obéiront

PAST HISTORIC	PERFECT	PLUPERFECT
j'obéis	j'ai obéi	j'avais obéi
tu obéis	tu as obéi	tu avais obéi
il obéit	il a obéi	il avait obéi
nous obéîmes	nous avons obéi	nous avions obéi
vous obéîtes	vous avez obéi	vous aviez obéi
ils obéirent	ils ont obéi	ils avaient obéi

PAST ANTERIOR	FUTURE PERFECT
j'eus obéi etc	j'aurai obéi etc

IMPERATIVE	CONDITIONAL	
	PRESENT	PAST
obéis	j'obéirais	j'aurais obéi
obéissons	tu obéirais	tu aurais obéi
obéissez	il obéirait	il aurait obéi
	nous obéirions	nous aurions obéi
	vous obéiriez	vous auriez obéi
	ils obéiraient	ils auraient obéi

SUBJUNCTIVE		
PRESENT	IMPERFECT	PERFECT
j'obéisse	j'obéisse	j'aie obéi
tu obéisses	tu obéisses	tu aies obéi
il obéisse	il obéît	il ait obéi
nous obéissions	nous obéissions	nous ayons obéi
vous obéissiez	vous obéissiez	vous ayez obéi
ils obéissent	ils obéissent	ils aient obéi

INFINITIVE	PARTICIPLE
PRESENT	PRESENT
obéir	obéissant
PAST	PAST
avoir obéi	obéi

OBTENIR
to get

PRESENT	**IMPERFECT**	**FUTURE**
j'obtiens	j'obtenais	j'obtiendrai
tu obtiens	tu obtenais	tu obtiendras
il obtient	il obtenait	il obtiendra
nous obtenons	nous obtenions	nous obtiendrons
vous obtenez	vous obteniez	vous obtiendrez
ils obtiennent	ils obtenaient	ils obtiendront

PAST HISTORIC	**PERFECT**	**PLUPERFECT**
j'obtins	j'ai obtenu	j'avais obtenu
tu obtins	tu as obtenu	tu avais obtenu
il obtint	il a obtenu	il avait obtenu
nous obtînmes	nous avons obtenu	nous avions obtenu
vous obtîntes	vous avez obtenu	vous aviez obtenu
ils obtinrent	ils ont obtenu	ils avaient obtenu

PAST ANTERIOR	**FUTURE PERFECT**
j'eus obtenu etc	j'aurai obtenu etc

IMPERATIVE	**CONDITIONAL**	
	PRESENT	**PAST**
obtiens	j'obtiendrais	j'aurais obtenu
obtenons	tu obtiendrais	tu aurais obtenu
obtenez	il obtiendrait	il aurait obtenu
	nous obtiendrions	nous aurions obtenu
	vous obtiendriez	vous auriez obtenu
	ils obtiendraient	ils auraient obtenu

SUBJUNCTIVE

PRESENT	**IMPERFECT**	**PERFECT**
j'obtienne	j'obtinsse	j'aie obtenu
tu obtiennes	tu obtinsses	tu aies obtenu
il obtienne	il obtînt	il ait obtenu
nous obtenions	nous obtinssions	nous ayons obtenu
vous obteniez	vous obtinssiez	vous ayez obtenu
ils obtiennent	ils obtinssent	ils aient obtenu

INFINITIVE	**PARTICIPLE**
PRESENT	**PRESENT**
obtenir	obtenant
PAST	**PAST**
avoir obtenu	obtenu

PRESENT	IMPERFECT	FUTURE
j'offre	j'offrais	j'offrirai
tu offres	tu offrais	tu offriras
il offre	il offrait	il offrira
nous offrons	nous offrions	nous offrirons
vous offrez	vous offriez	vous offrirez
ils offrent	ils offraient	ils offriront

PAST HISTORIC	PERFECT	PLUPERFECT
j'offris	j'ai offert	j'avais offert
tu offris	tu as offert	tu avais offert
il offrit	il a offert	il avait offert
nous offrîmes	nous avons offert	nous avions offert
vous offrîtes	vous avez offert	vous aviez offert
ils offrirent	ils ont offert	ils avaient offert

PAST ANTERIOR	FUTURE PERFECT
j'eus offert etc	j'aurai offert etc

IMPERATIVE	*CONDITIONAL*	
	PRESENT	**PAST**
offre	j'offrirais	j'aurais offert
offrons	tu offrirais	tu aurais offert
offrez	il offrirait	il aurait offert
	nous offririons	nous aurions offert
	vous offririez	vous auriez offert
	ils offriraient	ils auraient offert

SUBJUNCTIVE

PRESENT	IMPERFECT	PERFECT
j'offre	j'offrisse	j'aie offert
tu offres	tu offrisses	tu aies offert
il offre	il offrît	il ait offert
nous offrions	nous offrissions	nous ayons offert
vous offriez	vous offrissiez	vous ayez offert
ils offrent	ils offrissent	ils aient offert

INFINITIVE	*PARTICIPLE*
PRESENT	**PRESENT**
offrir	offrant
PAST	**PAST**
avoir offert	offert

to open

PRESENT	**IMPERFECT**	**FUTURE**
j'ouvre	j'ouvrais	j'ouvrirai
tu ouvres	tu ouvrais	tu ouvriras
il ouvre	il ouvrait	il ouvrira
nous ouvrons	nous ouvrions	nous ouvrirons
vous ouvrez	vous ouvriez	vous ouvrirez
ils ouvrent	ils ouvraient	ils ouvriront

PAST HISTORIC	**PERFECT**	**PLUPERFECT**
j'ouvris	j'ai ouvert	j'avais ouvert
tu ouvris	tu as ouvert	tu avais ouvert
il ouvrit	il a ouvert	il avait ouvert
nous ouvrîmes	nous avons ouvert	nous avions ouvert
vous ouvrîtes	vous avez ouvert	vous aviez ouvert
ils ouvrirent	ils ont ouvert	ils avaient ouvert

PAST ANTERIOR	**FUTURE PERFECT**
j'eus ouvert etc	j'aurai ouvert etc

IMPERATIVE	*CONDITIONAL*	
	PRESENT	**PAST**
ouvre	j'ouvrirais	j'aurais ouvert
ouvrons	tu ouvrirais	tu aurais ouvert
ouvrez	il ouvrirait	il aurait ouvert
	nous ouvririons	nous aurions ouvert
	vous ouvririez	vous auriez ouvert
	ils ouvriraient	ils auraient ouvert

SUBJUNCTIVE

PRESENT	**IMPERFECT**	**PERFECT**
j'ouvre	j'ouvrisse	j'aie ouvert
tu ouvres	tu ouvrisses	tu aies ouvert
il ouvre	il ouvrît	il ait ouvert
nous ouvrions	nous ouvrissions	nous ayons ouvert
vous ouvriez	vous ouvrissiez	vous ayez ouvert
ils ouvrent	ils ouvrissent	ils aient ouvert

INFINITIVE	*PARTICIPLE*
PRESENT	**PRESENT**
ouvrir	ouvrant
PAST	**PAST**
avoir ouvert	ouvert

PAITRE
to graze

PRESENT	IMPERFECT	FUTURE
je pais	je paissais	je paîtrai
tu pais	tu paissais	tu paîtras
il paît	il paissait	il paîtra
nous paissons	nous paissions	nous paîtrons
vous paissez	vous paissiez	vous paîtrez
ils paissent	ils paissaient	ils paîtront

PAST HISTORIC	PERFECT	PLUPERFECT

PAST ANTERIOR	FUTURE PERFECT	

IMPERATIVE	*CONDITIONAL*	
	PRESENT	**PAST**
pais	je paîtrais	
paissons	tu paîtrais	
paissez	il paîtrait	
	nous paîtrions	
	vous paîtriez	
	ils paîtraient	

SUBJUNCTIVE		
PRESENT	**IMPERFECT**	**PERFECT**
je paisse		
tu paisses		
il paisse		
nous paissions		
vous paissiez		
ils paissent		

INFINITIVE	*PARTICIPLE*	
PRESENT	**PRESENT**	
paître	paissant	
PAST	**PAST**	
	pu	

to appear

PRESENT

je parais
tu parais
il paraît
nous paraissons
vous paraissez
ils paraissent

IMPERFECT

je paraissais
tu paraissais
il paraissait
nous paraissions
vous paraissiez
ils paraissaient

FUTURE

je paraîtrai
tu paraîtras
il paraîtra
nous paraîtrons
vous paraîtrez
ils paraîtront

PAST HISTORIC

je parus
tu parus
il parut
nous parûmes
vous parûtes
ils parurent

PERFECT

j'ai paru
tu as paru
il a paru
nous avons paru
vous avez paru
ils ont paru

PLUPERFECT

j'avais paru
tu avais paru
il avait paru
nous avions paru
vous aviez paru
ils avaient paru

PAST ANTERIOR

j'eus paru etc

FUTURE PERFECT

j'aurai paru etc

IMPERATIVE

parais
paraissons
paraissez

CONDITIONAL

PRESENT

je paraîtrais
tu paraîtrais
il paraîtrait
nous paraîtrions
vous paraîtriez
ils paraîtraient

PAST

j'aurais paru
tu aurais paru
il aurait paru
nous aurions paru
vous auriez paru
ils auraient paru

SUBJUNCTIVE

PRESENT

je paraisse
tu paraisses
il paraisse
nous paraissions
vous paraissiez
ils paraissent

IMPERFECT

je parusse
tu parusses
il parût
nous parussions
vous parussiez
ils parussent

PERFECT

j'aie paru
tu aies paru
il ait paru
nous ayons paru
vous ayez paru
ils aient paru

INFINITIVE

PRESENT

paraître

PAST

avoir paru

PARTICIPLE

PRESENT

paraissant

PAST

paru

NOTE

takes auxiliary être when it means 'to be published'
apparaître: can also take auxiliary être

PARTIR
to go away

PRESENT	IMPERFECT	FUTURE
je pars	je partais	je partirai
tu pars	tu partais	tu partiras
il part	il partait	il partira
nous partons	nous partions	nous partirons
vous partez	vous partiez	vous partirez
ils partent	ils partaient	ils partiront

PAST HISTORIC	PERFECT	PLUPERFECT
je partis	je suis parti	j'étais parti
tu partis	tu es parti	tu étais parti
il partit	il est parti	il était parti
nous partîmes	nous sommes partis	nous étions partis
vous partîtes	vous êtes parti(s)	vous étiez parti(s)
ils partirent	ils sont partis	ils étaient partis

PAST ANTERIOR	FUTURE PERFECT
je fus parti etc	je serai parti etc

IMPERATIVE	CONDITIONAL	
	PRESENT	PAST
pars	je partirais	je serais parti
partons	tu partirais	tu serais parti
partez	il partirait	il serait parti
	nous partirions	nous serions partis
	vous partiriez	vous seriez parti(s)
	ils partiraient	ils seraient partis

SUBJUNCTIVE

PRESENT	IMPERFECT	PERFECT
je parte	je partisse	je sois parti
tu partes	tu partisses	tu sois parti
il parte	il partît	il soit parti
nous partions	nous partissions	nous soyons partis
vous partiez	vous partissiez	vous soyez parti(s)
ils partent	ils partissent	ils soient partis

INFINITIVE	PARTICIPLE	NOTE
PRESENT	PRESENT	repartir: *takes auxiliary*
partir	partant	avoir *when it means 'to*
PAST	PAST	*reply'*
être parti	parti	

PARVENIR
to reach

PRESENT	IMPERFECT	FUTURE
je parviens	je parvenais	je parviendrai
tu parviens78	tu parvenais	tu parviendras
il parvient	il parvenait	il parviendra
nous parvenons	nous parvenions	nous parviendrons
vous parvenez	vous parveniez	vous parviendrez
ils parviennent	ils parvenaient	ils parviendront

PAST HISTORIC	PERFECT	PLUPERFECT
je parvins	je suis parvenu	j'étais parvenu
tu parvins	tu es parvenu	tu étais parvenu
il parvint	il est parvenu	il était parvenu
nous parvînmes	nous sommes parvenus	nous étions parvenus
vous parvîntes	vous êtes parvenu(s)	vous étiez parvenu(s)
ils parvinrent	ils sont parvenus	ils étaient parvenus

PAST ANTERIOR	FUTURE PERFECT
je fus parvenu etc	je serai parvenu etc

IMPERATIVE	CONDITIONAL	
	PRESENT	PAST
parviens	je parviendrais	je serais parvenu
parvenons	tu parviendrais	tu serais parvenu
parvenez	il parviendrait	il serait parvenu
	nous parviendrions	nous serions parvenus
	vous parviendriez	vous seriez parvenu(s)
	ils parviendraient	ils seraient parvenus

SUBJUNCTIVE

PRESENT	IMPERFECT	PERFECT
je parvienne	je parvinsse	je sois parvenu
tu parviennes	tu parvinsses	tu sois parvenu
il parvienne	il parvînt	il soit parvenu
nous parvenions	nous parvinssions	nous soyons parvenus
vous parveniez	vous parvinssiez	vous soyez parvenu(s)
ils parviennent	ils parvinssent	ils soient parvenus

INFINITIVE	PARTICIPLE
PRESENT	PRESENT
parvenir	parvenant
PAST	PAST
être parvenu	parvenu

PASSER
to pass

PRESENT	IMPERFECT	FUTURE
je passe	je passais	je passerai
tu passes	tu passais	tu passeras
il passe	il passait	il passera
nous passons	nous passions	nous passerons
vous passez	vous passiez	vous passerez
ils passent	ils passaient	ils passeront

PAST HISTORIC	PERFECT	PLUPERFECT
je passai	j'ai passé	j'avais passé
tu passas	tu as passé	tu avais passé
il passa	il a passé	il avait passé
nous passâmes	nous avons passé	nous avions passé
vous passâtes	vous avez passé	vous aviez passé
ils passèrent	ils ont passé	ils avaient passé

PAST ANTERIOR	FUTURE PERFECT
j'eus passé etc	j'aurai passé etc

IMPERATIVE	CONDITIONAL	
	PRESENT	PAST
passe	je passerais	j'aurais passé
passons	tu passerais	tu aurais passé
passez	il passerait	il aurait passé
	nous passerions	nous aurions passé
	vous passeriez	vous auriez passé
	ils passeraient	ils auraient passé

SUBJUNCTIVE

PRESENT	IMPERFECT	PERFECT
je passe	je passasse	j'aie passé
tu passes	tu passasses	tu aies passé
il passe	il passât	il ait passé
nous passions	nous passassions	nous ayons passé
vous passiez	vous passassiez	vous ayez passé
ils passent	ils passassent	ils aient passé

INFINITIVE	PARTICIPLE	NOTE
PRESENT	PRESENT	*can take auxiliary* être *when it means 'to go/come past'*
passer	passant	repasser: *can take auxiliary* être *when it means 'to go/come past again'*
PAST	PAST	
avoir passé	passé	

PAYER
to pay

PRESENT	**IMPERFECT**	**FUTURE**
je paye	je payais	je payerai
tu payes	tu payais	tu payeras
il paye	il payait	il payera
nous payons	nous payions	nous payerons
vous payez	vous payiez	vous payerez
ils payent	ils payaient	ils payeront

PAST HISTORIC	**PERFECT**	**PLUPERFECT**
je payai	j'ai payé	j'avais payé
tu payas	tu as payé	tu avais payé
il paya	il a payé	il avait payé
nous payâmes	nous avons payé	nous avions payé
vous payâtes	vous avez payé	vous aviez payé
ils payèrent	ils ont payé	ils avaient payé

PAST ANTERIOR	**FUTURE PERFECT**
j'eus payé etc	j'aurai payé etc

IMPERATIVE	**CONDITIONAL**	
	PRESENT	**PAST**
paye	je payerais	j'aurais payé
payons	tu payerais	tu aurais payé
payez	il payerait	il aurait payé
	nous payerions	nous aurions payé
	vous payeriez	vous auriez payé
	ils payeraient	ils auraient payé

SUBJUNCTIVE

PRESENT	**IMPERFECT**	**PERFECT**
je paye	je payasse	j'aie payé
tu payes	tu payasses	tu aies payé
il paye	il payât	il ait payé
nous payions	nous payassions	nous ayons payé
vous payiez	vous payassiez	vous ayez payé
ils payent	ils payassent	ils aient payé

INFINITIVE	**PARTICIPLE**
PRESENT	**PRESENT**
payer	payant
PAST	**PAST**
avoir payé	payé

PEINDRE
to paint

PRESENT	IMPERFECT	FUTURE
je peins	je peignais	je peindrai
tu peins	tu peignais	tu peindras
il peint	il peignait	il peindra
nous peignons	nous peignions	nous peindrons
vous peignez	vous peigniez	vous peindrez
ils peignent	ils peignaient	ils peindront

PAST HISTORIC	PERFECT	PLUPERFECT
je peignis	j'ai peint	j'avais peint
tu peignis	tu as peint	tu avais peint
il peignit	il a peint	il avait peint
nous peignîmes	nous avons peint	nous avions peint
vous peignîtes	vous avez peint	vous aviez peint
ils peignirent	ils ont peint	ils avaient peint

PAST ANTERIOR	FUTURE PERFECT
j'eus peint etc	j'aurai peint etc

IMPERATIVE	CONDITIONAL	
	PRESENT	PAST
peins	je peindrais	j'aurais peint
peignons	tu peindrais	tu aurais peint
peignez	il peindrait	il aurait peint
	nous peindrions	nous aurions peint
	vous peindriez	vous auriez peint
	ils peindraient	ils auraient peint

SUBJUNCTIVE		
PRESENT	IMPERFECT	PERFECT
je peigne	je peignisse	j'aie peint
tu peignes	tu peignisses	tu aies peint
il peigne	il peignît	il ait peint
nous peignions	nous peignissions	nous ayons peint
vous peigniez	vous peignissiez	vous ayez peint
ils peignent	ils peignissent	ils aient peint

INFINITIVE	PARTICIPLE
PRESENT	PRESENT
peindre	peignant
PAST	PAST
avoir peint	peint

PRESENT	IMPERFECT	FUTURE
je pèle	je pelais	je pèlerai
tu pèles	tu pelais	tu pèleras
il pèle	il pelait	il pèlera
nous pelons	nous pelions	nous pèlerons
vous pelez	vous peliez	vous pèlerez
ils pèlent	ils pelaient	ils pèleront

PAST HISTORIC	PERFECT	PLUPERFECT
je pelai	j'ai pelé	j'avais pelé
tu pelas	tu as pelé	tu avais pelé
il pela	il a pelé	il avait pelé
nous pelâmes	nous avons pelé	nous avions pelé
vous pelâtes	vous avez pelé	vous aviez pelé
ils pelèrent	ils ont pelé	ils avaient pelé

PAST ANTERIOR	FUTURE PERFECT
j'eus pelé etc	j'aurai pelé etc

IMPERATIVE	CONDITIONAL	
	PRESENT	**PAST**
pèle	je pèlerais	j'aurais pelé
pelons	tu pèlerais	tu aurais pelé
pelez	il pèlerait	il aurait pelé
	nous pèlerions	nous aurions pelé
	vous pèleriez	vous auriez pelé
	ils pèleraient	ils auraient pelé

SUBJUNCTIVE		
PRESENT	**IMPERFECT**	**PERFECT**
je pèle	je pelasse	j'aie pelé
tu pèles	tu pelasses	tu aies pelé
il pèle	il pelât	il ait pelé
nous pelions	nous pelassions	nous ayons pelé
vous peliez	vous pelassiez	vous ayez pelé
ils pèlent	ils pelassent	ils aient pelé

INFINITIVE	PARTICIPLE
PRESENT	**PRESENT**
peler	pelant
PAST	**PAST**
avoir pelé	pelé

PENETRER
to enter

PRESENT	IMPERFECT	FUTURE
je pénètre	je pénétrais	je pénétrerai
tu pénètres	tu pénétrais	tu pénétreras
il pénètre	il pénétrait	il pénétrera
nous pénétrons	nous pénétrions	nous pénétrerons
vous pénétrez	vous pénétriez	vous pénétrerez
ils pénètrent	ils pénétraient	ils pénétreront

PAST HISTORIC	PERFECT	PLUPERFECT
je pénétrai	j'ai pénétré	j'avais pénétré
tu pénétras	tu as pénétré	tu avais pénétré
il pénétra	il a pénétré	il avait pénétré
nous pénétrâmes	nous avons pénétré	nous avions pénétré
vous pénétrâtes	vous avez pénétré	vous aviez pénétré
ils pénétrèrent	ils ont pénétré	ils avaient pénétré

PAST ANTERIOR	FUTURE PERFECT
j'eus pénétré etc	j'aurai pénétré etc

IMPERATIVE	CONDITIONAL	
	PRESENT	PAST
pénètre	je pénétrerais	j'aurais pénétré
pénétrons	tu pénétrerais	tu aurais pénétré
pénétrez	il pénétrerait	il aurait pénétré
	nous pénétrerions	nous aurions pénétré
	vous pénétreriez	vous auriez pénétré
	ils pénétreraient	ils auraient pénétré

SUBJUNCTIVE

PRESENT	IMPERFECT	PERFECT
je pénètre	je pénétrasse	j'aie pénétré
tu pénètres	tu pénétrasses	tu aies pénétré
il pénètre	il pénétrât	il ait pénétré
nous pénétrions	nous pénétrassions	nous ayons pénétré
vous pénétriez	vous pénétrassiez	vous ayez pénétré
ils pénètrent	ils pénétrassent	ils aient pénétré

INFINITIVE	PARTICIPLE
PRESENT	PRESENT
pénétrer	pénétrant
PAST	PAST
avoir pénétré	pénétré

PERDRE
to lose

PRESENT	IMPERFECT	FUTURE
je perds	je perdais	je perdrai
tu perds	tu perdais	tu perdras
il perd	il perdait	il perdra
nous perdons	nous perdions	nous perdrons
vous perdez	vous perdiez	vous perdrez
ils perdent	ils perdaient	ils perdront

PAST HISTORIC	PERFECT	PLUPERFECT
je perdis	j'ai perdu	j'avais perdu
tu perdis	tu as perdu	tu avais perdu
il perdit	il a perdu	il avait perdu
nous perdîmes	nous avons perdu	nous avions perdu
vous perdîtes	vous avez perdu	vous aviez perdu
ils perdirent	ils ont perdu	ils avaient perdu

PAST ANTERIOR	FUTURE PERFECT
j'eus perdu etc	j'aurai perdu etc

IMPERATIVE	CONDITIONAL	
	PRESENT	PAST
perds	je perdrais	j'aurais perdu
perdons	tu perdrais	tu aurais perdu
perdez	il perdrait	il aurait perdu
	nous perdrions	nous aurions perdu
	vous perdriez	vous auriez perdu
	ils perdraient	ils auraient perdu

SUBJUNCTIVE

PRESENT	IMPERFECT	PERFECT
je perde	je perdisse	j'aie perdu
tu perdes	tu perdisses	tu aies perdu
il perde	il perdît	il ait perdu
nous perdions	nous perdissions	nous ayons perdu
vous perdiez	vous perdissiez	vous ayez perdu
ils perdent	ils perdissent	ils aient perdu

INFINITIVE	PARTICIPLE
PRESENT	PRESENT
perdre	perdant
PAST	PAST
avoir perdu	perdu

PERMETTRE
to allow

PRESENT	IMPERFECT	FUTURE
je permets	je permettais	je permettrai
tu permets	tu permettais	tu permettras
il permet	il permettait	il permettra
nous permettons	nous permettions	nous permettrons
vous permettez	vous permettiez	vous permettrez
ils permettent	ils permettaient	ils permettront

PAST HISTORIC	PERFECT	PLUPERFECT
je permis	j'ai permis	j'avais permis
tu permis	tu as permis	tu avais permis
il permit	il a permis	il avait permis
nous permîmes	nous avons permis	nous avions permis
vous permîtes	vous avez permis	vous aviez permis
ils permirent	ils ont permis	ils avaient permis

PAST ANTERIOR	FUTURE PERFECT
j'eus permis etc	j'aurai permis etc

IMPERATIVE	CONDITIONAL	
	PRESENT	PAST
permets	je permettrais	j'aurais permis
permettons	tu permettrais	tu aurais permis
permettez	il permettrait	il aurait permis
	nous permettrions	nous aurions permis
	vous permettriez	vous auriez permis
	ils permettraient	ils auraient permis

SUBJUNCTIVE

PRESENT	IMPERFECT	PERFECT
je permette	je permisse	j'aie permis
tu permettes	tu permisses	tu aies permis
il permette	il permît	il ait permis
nous permettions	nous permissions	nous ayons permis
vous permettiez	vous permissiez	vous ayez permis
ils permettent	ils permissent	ils aient permis

INFINITIVE	PARTICIPLE
PRESENT	PRESENT
permettre	permettant
PAST	PAST
avoir permis	permis

PESER
to weigh

PRESENT	IMPERFECT	FUTURE
je pèse	je pesais	je pèserai
tu pèses	tu pesais	tu pèseras
il pèse	il pesait	il pèsera
nous pesons	nous pesions	nous pèserons
vous pesez	vous pesiez	vous pèserez
ils pèsent	ils pesaient	ils pèseront

PAST HISTORIC	PERFECT	PLUPERFECT
je pesai	j'ai pesé	j'avais pesé
tu pesas	tu as pesé	tu avais pesé
il pesa	il a pesé	il avait pesé
nous pesâmes	nous avons pesé	nous avions pesé
vous pesâtes	vous avez pesé	vous aviez pesé
ils pesèrent	ils ont pesé	ils avaient pesé

PAST ANTERIOR	FUTURE PERFECT
j'eus pesé etc	j'aurai pesé etc

IMPERATIVE	CONDITIONAL	
	PRESENT	PAST
pèse	je pèserais	j'aurais pesé
pesons	tu pèserais	tu aurais pesé
pesez	il pèserait	il aurait pesé
	nous pèserions	nous aurions pesé
	vous pèseriez	vous auriez pesé
	ils pèseraient	ils auraient pesé

SUBJUNCTIVE

PRESENT	IMPERFECT	PERFECT
je pèse	je pesasse	j'aie pesé
tu pèses	tu pesasses	tu aies pesé
il pèse	il pesât	il ait pesé
nous pesions	nous pesassions	nous ayons pesé
vous pesiez	vous pesassiez	vous ayez pesé
ils pèsent	ils pesassent	ils aient pesé

INFINITIVE	PARTICIPLE
PRESENT	PRESENT
peser	pesant
PAST	PAST
avoir pesé	pesé

PLACER
to place

PRESENT	IMPERFECT	FUTURE
je place	je plaçais	je placerai
tu places	tu plaçais	tu placeras
il place	il plaçait	il placera
nous plaçons	nous placions	nous placerons
vous placez	vous placiez	vous placerez
ils placent	ils plaçaient	ils placeront

PAST HISTORIC	PERFECT	PLUPERFECT
je plaçai	j'ai placé	j'avais placé
tu plaças	tu as placé	tu avais placé
il plaça	il a placé	il avait placé
nous plaçâmes	nous avons placé	nous avions placé
vous plaçâtes	vous avez placé	vous aviez placé
ils placèrent	ils ont placé	ils avaient placé

PAST ANTERIOR	FUTURE PERFECT
j'eus placé etc	j'aurai placé etc

IMPERATIVE	CONDITIONAL	
	PRESENT	PAST
place	je placerais	j'aurais placé
plaçons	tu placerais	tu aurais placé
placez	il placerait	il aurait placé
	nous placerions	nous aurions placé
	vous placeriez	vous auriez placé
	ils placeraient	ils auraient placé

SUBJUNCTIVE		
PRESENT	IMPERFECT	PERFECT
je place	je plaçasse	j'aie placé
tu places	tu plaçasses	tu aies placé
il place	il plaçât	il ait placé
nous placions	nous plaçassions	nous ayons placé
vous placiez	vous plaçassiez	vous ayez placé
ils placent	ils plaçassent	ils aient placé

INFINITIVE	PARTICIPLE
PRESENT	PRESENT
placer	plaçant
PAST	PAST
avoir placé	placé

PRESENT

je plais
tu plais
il plaît
nous plaisons
vous plaisez
ils plaisent

IMPERFECT

je plaisais
tu plaisais
il plaisait
nous plaisions
vous plaisiez
ils plaisaient

FUTURE

je plairai
tu plairas
il plaira
nous plairons
vous plairez
ils plairont

PAST HISTORIC

je plus
tu plus
il plut
nous plûmes
vous plûtes
ils plurent

PERFECT

j'ai plu
tu as plu
il a plu
nous avons plu
vous avez plu
ils ont plu

PLUPERFECT

j'avais plu
tu avais plu
il avait plu
nous avions plu
vous aviez plu
ils avaient plu

PAST ANTERIOR

j'eus plu etc

FUTURE PERFECT

j'aurai plu etc

IMPERATIVE

plais
plaisons
plaisez

CONDITIONAL

PRESENT

je plairais
tu plairais
il plairait
nous plairions
vous plairiez
ils plairaient

PAST

j'aurais plu
tu aurais plu
il aurait plu
nous aurions plu
vous auriez plu
ils auraient plu

SUBJUNCTIVE

PRESENT

je plaise
tu plaises
il plaise
nous plaisions
vous plaisiez
ils plaisent

IMPERFECT

je plusse
tu plusses
il plût
nous plussions
vous plussiez
ils plussent

PERFECT

j'aie plu
tu aies plu
il ait plu
nous ayons plu
vous ayez plu
ils aient plu

INFINITIVE

PRESENT

plaire

PAST

avoir plu

PARTICIPLE

PRESENT

plaisant

PAST

plu

NOTE

cette idée me plaît =
I like this idea

149 PLEUVOIR
to rain

PRESENT	IMPERFECT	FUTURE
il pleut	il pleuvait	il pleuvra

PAST HISTORIC	PERFECT	PLUPERFECT
il plut	il a plu	il avait plu

PAST ANTERIOR	FUTURE PERFECT	
il eut plu	il aura plu	

IMPERATIVE	CONDITIONAL	
	PRESENT	PAST
	il pleuvrait	il aurait plu

SUBJUNCTIVE		
PRESENT	IMPERFECT	PERFECT
il pleuve	il plût	il ait plu

INFINITIVE	PARTICIPLE
PRESENT	PRESENT
pleuvoir	pleuvant
PAST	PAST
avoir plu	plu

PRESENT

je plonge
tu plonges
il plonge
nous plongeons
vous plongez
ils plongent

IMPERFECT

je plongeais
tu plongeais
il plongeait
nous plongions
vous plongiez
ils plongeaient

FUTURE

je plongerai
tu plongeras
il plongera
nous plongerons
vous plongerez
ils plongeront

PAST HISTORIC

je plongeai
tu plongeas
il plongea
nous plongeâmes
vous plongeâtes
ils plongèrent

PERFECT

j'ai plongé
tu as plongé
il a plongé
nous avons plongé
vous avez plongé
ils ont plongé

PLUPERFECT

j'avais plongé
tu avais plongé
il avait plongé
nous avions plongé
vous aviez plongé
ils avaient plongé

PAST ANTERIOR

j'eus plongé etc

FUTURE PERFECT

j'aurai plongé etc

IMPERATIVE

plonge
plongeons
plongez

CONDITIONAL

PRESENT

je plongerais
tu plongerais
il plongerait
nous plongerions
vous plongeriez
ils plongeraient

PAST

j'aurais plongé
tu aurais plongé
il aurait plongé
nous aurions plongé
vous auriez plongé
ils auraient plongé

SUBJUNCTIVE

PRESENT

je plonge
tu plonges
il plonge
nous plongions
vous plongiez
ils plongent

IMPERFECT

je plongeasse
tu plongeasses
il plongeât
nous plongeassions
vous plongeassiez
ils plongeassent

PERFECT

j'aie plongé
tu aies plongé
il ait plongé
nous ayons plongé
vous ayez plongé
ils aient plongé

INFINITIVE

PRESENT

plonger

PAST

avoir plongé

PARTICIPLE

PRESENT

plongeant

PAST

plongé

151 POINDRE
to dawn

PRESENT	IMPERFECT	FUTURE
il point		il poindra

PAST HISTORIC	PERFECT	PLUPERFECT

PAST ANTERIOR	FUTURE PERFECT

IMPERATIVE	*CONDITIONAL*	
	PRESENT	PAST

SUBJUNCTIVE		
PRESENT	IMPERFECT	PERFECT

INFINITIVE	*PARTICIPLE*
PRESENT	PRESENT
poindre	
PAST	PAST

PRESENT

je possède
tu possèdes
il possède
nous possédons
vous possédez
ils possèdent

IMPERFECT

je possédais
tu possédais
il possédait
nous possédions
vous possédiez
ils possédaient

FUTURE

je posséderai
tu posséderas
il possédera
nous posséderons
vous posséderez
ils posséderont

PAST HISTORIC

je possédai
tu possédas
il posséda
nous possédâmes
vous possédâtes
ils possédèrent

PERFECT

j'ai possédé
tu as possédé
il a possédé
nous avons possédé
vous avez possédé
ils ont possédé

PLUPERFECT

j'avais possédé
tu avais possédé
il avait possédé
nous avions possédé
vous aviez possédé
ils avaient possédé

PAST ANTERIOR

j'eus possédé etc

FUTURE PERFECT

j'aurai possédé etc

IMPERATIVE

possède
possédons
possédez

CONDITIONAL

PRESENT

je posséderais
tu posséderais
il posséderait
nous posséderions
vous posséderiez
ils posséderaient

PAST

j'aurais possédé
tu aurais possédé
il aurait possédé
nous aurions possédé
vous auriez possédé
ils auraient possédé

SUBJUNCTIVE

PRESENT

je possède
tu possèdes
il possède
nous possédions
vous possédiez
ils possèdent

IMPERFECT

je possédasse
tu possédasses
il possédât
nous possédassions
vous possédassiez
ils possédassent

PERFECT

j'aie possédé
tu aies possédé
il ait possédé
nous ayons possédé
vous ayez possédé
ils aient possédé

INFINITIVE

PRESENT

posséder

PAST

avoir possédé

PARTICIPLE

PRESENT

possédant

PAST

possédé

POURVOIR
to provide

PRESENT	IMPERFECT	FUTURE
je pourvois	je pourvoyais	je pourvoirai
tu pourvois	tu pourvoyais	tu pourvoiras
il pourvoit	il pourvoyait	il pourvoira
nous pourvoyons 11	nous pourvoyions	nous pourvoirons
vous pourvoyez	vous pourvoyiez	vous pourvoirez
ils pourvoient	ils pourvoyaient	ils pourvoiront

PAST HISTORIC	PERFECT	PLUPERFECT
je pourvus	j'ai pourvu	j'avais pourvu
tu pourvus	tu as pourvu	tu avais pourvu
il pourvut	il a pourvu	il avait pourvu
nous pourvûmes	nous avons pourvu	nous avions pourvu
vous pourvûtes	vous avez pourvu	vous aviez pourvu
ils pourvurent	ils ont pourvu	ils avaient pourvu

PAST ANTERIOR	FUTURE PERFECT
j'eus pourvu etc	j'aurai pourvu etc

IMPERATIVE	CONDITIONAL	
	PRESENT	PAST
pourvois	je pourvoirais	j'aurais pourvu
pourvoyons	tu pourvoirais	tu aurais pourvu
pourvoyez	il pourvoirait	il aurait pourvu
	nous pourvoirions	nous aurions pourvu
	vous pourvoiriez	vous auriez pourvu
	ils pourvoiraient	ils auraient pourvu

SUBJUNCTIVE

PRESENT	IMPERFECT	PERFECT
je pourvoie	je pourvusse	j'aie pourvu
tu pourvoies	tu pourvusses	tu aies pourvu
il pourvoie	il pourvût	il ait pourvu
nous pourvoyions	nous pourvussions	nous ayons pourvu
vous pourvoyiez	vous pourvussiez	vous ayez pourvu
ils pourvoient	ils pourvussent	ils aient pourvu

INFINITIVE	PARTICIPLE
PRESENT	PRESENT
pourvoir	pourvoyant
PAST	PAST
avoir pourvu	pourvu

POUSSER
to push

PRESENT	**IMPERFECT**	**FUTURE**
je pousse	je poussais	je pousserai
tu pousses	tu poussais	tu pousseras
il pousse	il poussait	il poussera
nous poussons	nous poussions	nous pousserons
vous poussez	vous poussiez	vous pousserez
ils poussent	ils poussaient	ils pousseront

PAST HISTORIC	**PERFECT**	**PLUPERFECT**
je poussai	j'ai poussé	j'avais poussé
tu poussas	tu as poussé	tu avais poussé
il poussa	il a poussé	il avait poussé
nous poussâmes	nous avons poussé	nous avions poussé
vous poussâtes	vous avez poussé	vous aviez poussé
ils poussèrent	ils ont poussé	ils avaient poussé

PAST ANTERIOR	**FUTURE PERFECT**
j'eus poussé etc	j'aurai poussé etc

IMPERATIVE	**CONDITIONAL**	
	PRESENT	**PAST**
pousse	je pousserais	j'aurais poussé
poussons	tu pousserais	tu aurais poussé
poussez	il pousserait	il aurait poussé
	nous pousserions	nous aurions poussé
	vous pousseriez	vous auriez poussé
	ils pousseraient	ils auraient poussé

SUBJUNCTIVE

PRESENT	**IMPERFECT**	**PERFECT**
je pousse	je poussasse	j'aie poussé
tu pousses	tu poussasses	tu aies poussé
il pousse	il poussât	il ait poussé
nous poussions	nous poussassions	nous ayons poussé
vous poussiez	vous poussassiez	vous ayez poussé
ils poussent	ils poussassent	ils aient poussé

INFINITIVE	**PARTICIPLE**
PRESENT	**PRESENT**
pousser	poussant
PAST	**PAST**
avoir poussé	poussé

PRESENT	**IMPERFECT**	**FUTURE**
je peux	je pouvais	je pourrai
tu peux	tu pouvais	tu pourras
il peut	il pouvait	il pourra
nous pouvons	nous pouvions	nous pourrons
vous pouvez	vous pouviez	vous pourrez
ils peuvent	ils pouvaient	ils pourront

PAST HISTORIC	**PERFECT**	**PLUPERFECT**
je pus	j'ai pu	j'avais pu
tu pus	tu as pu	tu avais pu
il put	il a pu	il avait pu
nous pûmes	nous avons pu	nous avions pu
vous pûtes	vous avez pu	vous aviez pu
ils purent	ils ont pu	ils avaient pu

PAST ANTERIOR	**FUTURE PERFECT**
j'eus pu etc	j'aurai pu etc

IMPERATIVE	*CONDITIONAL*	
	PRESENT	**PAST**
	je pourrais	j'aurais pu
	tu pourrais	tu aurais pu
	il pourrait	il aurait pu
	nous pourrions	nous aurions pu
	vous pourriez	vous auriez pu
	ils pourraient	ils auraient pu

SUBJUNCTIVE

PRESENT	**IMPERFECT**	**PERFECT**
je puisse	je pusse	j'aie pu
tu puisses	tu pusses	tu aies pu
il puisse	il pût	il ait pu
nous puissions	nous pussions	nous ayons pu
vous puissiez	vous pussiez	vous ayez pu
ils puissent	ils pussent	ils aient pu

INFINITIVE	*PARTICIPLE*
PRESENT	**PRESENT**
pouvoir	pouvant
PAST	**PAST**
avoir pu	pu

PREFERER
to prefer

PRESENT	**IMPERFECT**	**FUTURE**
je préfère	je préférais	je préférerai
tu préfères	tu préférais	tu préféreras
il préfère	il préférait	il préférera
nous préférons	nous préférions	nous préférerons
vous préférez	vous préfériez	vous préférerez
ils préfèrent	ils préféraient	ils préféreront

PAST HISTORIC	**PERFECT**	**PLUPERFECT**
je préférai	j'ai préféré	j'avais préféré
tu préféras	tu as préféré	tu avais préféré
il préféra	il a préféré	il avait préféré
nous préférâmes	nous avons préféré	nous avions préféré
vous préférâtes	vous avez préféré	vous aviez préféré
ils préférèrent	ils ont préféré	ils avaient préféré

PAST ANTERIOR	**FUTURE PERFECT**
j'eus préféré etc	j'aurai préféré etc

IMPERATIVE	*CONDITIONAL*	
	PRESENT	**PAST**
préfère	je préférerais	j'aurais préféré
préférons	tu préférerais	tu aurais préféré
préférez	il préférerait	il aurait préféré
	nous préférerions	nous aurions préféré
	vous préféreriez	vous auriez préféré
	ils préféreraient	ils auraient préféré

SUBJUNCTIVE		
PRESENT	**IMPERFECT**	**PERFECT**
je préfère	je préférasse	j'aie préféré
tu préfères	tu préférasses	tu aies préféré
il préfère	il préférât	il ait préféré
nous préférions	nous préférassions	nous ayons préféré
vous préfériez	vous préférassiez	vous ayez préféré
ils préfèrent	ils préférassent	ils aient préféré

INFINITIVE	*PARTICIPLE*
PRESENT	**PRESENT**
préférer	préférant
PAST	**PAST**
avoir préféré	préféré

PRENDRE
to take

PRESENT	IMPERFECT	FUTURE
je prends	je prenais	je prendrai
tu prends	tu prenais	tu prendras
il prend	il prenait	il prendra
nous prenons	nous prenions	nous prendrons
vous prenez	vous preniez	vous prendrez
ils prennent	ils prenaient	ils prendront

PAST HISTORIC	PERFECT	PLUPERFECT
je pris	j'ai pris	j'avais pris
tu pris	tu as pris	tu avais pris
il prit	il a pris	il avait pris
nous prîmes	nous avons pris	nous avions pris
vous prîtes	vous avez pris	vous aviez pris
ils prirent	ils ont pris	ils avaient pris

PAST ANTERIOR	FUTURE PERFECT
j'eus pris etc	j'aurai pris etc

IMPERATIVE	CONDITIONAL	
	PRESENT	PAST
prends	je prendrais	j'aurais pris
prenons	tu prendrais	tu aurais pris
prenez	il prendrait	il aurait pris
	nous prendrions	nous aurions pris
	vous prendriez	vous auriez pris
	ils prendraient	ils auraient pris

SUBJUNCTIVE

PRESENT	IMPERFECT	PERFECT
je prenne	je prisse	j'aie pris
tu prennes	tu prisses	tu aies pris
il prenne	il prît	il ait pris
nous prenions	nous prissions	nous ayons pris
vous preniez	vous prissiez	vous ayez pris
ils prennent	ils prissent	ils aient pris

INFINITIVE	PARTICIPLE
PRESENT	PRESENT
prendre	prenant
PAST	PAST
avoir pris	pris

PREVALOIR
to prevail

158

PRESENT	IMPERFECT	FUTURE
je prévaux	je prévalais	je prévaudrai
tu prévaux	tu prévalais	tu prévaudras
il prévaut	il prévalait	il prévaudra
nous prévalons	nous prévalions	nous prévaudrons
vous prévalez	vous prévaliez	vous prévaudrez
ils prévalent	ils prévalaient	ils prévaudront

PAST HISTORIC	PERFECT	PLUPERFECT
je prévalus	j'ai prévalu	j'avais prévalu
tu prévalus	tu as prévalu	tu avais prévalu
il prévalut	il a prévalu	il avait prévalu
nous prévalûmes	nous avons prévalu	nous avions prévalu
vous prévalûtes	vous avez prévalu	vous aviez prévalu
ils prévalurent	ils ont prévalu	ils avaient prévalu

PAST ANTERIOR	FUTURE PERFECT
j'eus prévalu etc	j'aurai prévalu etc

IMPERATIVE	CONDITIONAL	
	PRESENT	PAST
prévaux	je prévaudrais	j'aurais prévalu
prévalons	tu prévaudrais	tu aurais prévalu
prévalez	il prévaudrait	il aurait prévalu
	nous prévaudrions	nous aurions prévalu
	vous prévaudriez	vous auriez prévalu
	ils prévaudraient	ils auraient prévalu

SUBJUNCTIVE

PRESENT	IMPERFECT	PERFECT
je prévale	je prévalusse	j'aie prévalu
tu prévales	tu prévalusses	tu aies prévalu
il prévale	il prévalût	il ait prévalu
nous prévalions	nous prévalussions	nous ayons prévalu
vous prévaliez	vous prévalussiez	vous ayez prévalu
ils prévalent	ils prévalussent	ils aient prévalu

INFINITIVE	PARTICIPLE
PRESENT	**PRESENT**
prévaloir	prévalant
PAST	**PAST**
avoir prévalu	prévalu

159 PREVENIR
to warn

PRESENT	IMPERFECT	FUTURE
je préviens	je prévenais	je préviendrai
tu préviens	tu prévenais	tu préviendras
il prévient	il prévenait	il préviendra
nous prévenons	nous prévenions	nous préviendrons
vous prévenez	vous préveniez	vous préviendrez
ils préviennent	ils prévenaient	ils préviendront

PAST HISTORIC	PERFECT	PLUPERFECT
je prévins	j'ai prévenu	j'avais prévenu
tu prévins	tu as prévenu	tu avais prévenu
il prévint	il a prévenu	il avait prévenu
nous prévînmes	nous avons prévenu	nous avions prévenu
vous prévîntes	vous avez prévenu	vous aviez prévenu
ils prévinrent	ils ont prévenu	ils avaient prévenu

PAST ANTERIOR	FUTURE PERFECT
j'eus prévenu etc	j'aurai prévenu etc

IMPERATIVE	CONDITIONAL	
	PRESENT	PAST
préviens	je préviendrais	j'aurais prévenu
prévenons	tu préviendrais	tu aurais prévenu
prévenez	il préviendrait	il aurait prévenu
	nous préviendrions	nous aurions prévenu
	vous préviendriez	vous auriez prévenu
	ils préviendraient	ils auraient prévenu

SUBJUNCTIVE

PRESENT	IMPERFECT	PERFECT
je prévienne	je prévinsse	j'aie prévenu
tu préviennes	tu prévinsses	tu aies prévenu
il prévienne	il prévînt	il ait prévenu
nous prévenions	nous prévinssions	nous ayons prévenu
vous préveniez	vous prévinssiez	vous ayez prévenu
ils préviennent	ils prévinssent	ils aient prévenu

INFINITIVE	PARTICIPLE	NOTE
PRESENT	PRESENT	convenir: *takes auxiliary*
prévenir	prévenant	*être when it means 'to*
PAST	PAST	*agree'*
avoir prévenu	prévenu	

to foresee

PRESENT	IMPERFECT	FUTURE
je prévois	je prévoyais	je prévoirai
tu prévois	tu prévoyais	tu prévoiras
il prévoit	il prévoyait	il prévoira
nous prévoyons	nous prévoyions	nous prévoirons
vous prévoyez	vous prévoyiez	vous prévoirez
ils prévoient	ils prévoyaient	ils prévoiront

PAST HISTORIC	PERFECT	PLUPERFECT
je prévis	j'ai prévu	j'avais prévu
tu prévis	tu as prévu	tu avais prévu
il prévit	il a prévu	il avait prévu
nous prévîmes	nous avons prévu	nous avions prévu
vous prévîtes	vous avez prévu	vous aviez prévu
ils prévirent	ils ont prévu	ils avaient prévu

PAST ANTERIOR	FUTURE PERFECT
j'eus prévu etc	j'aurai prévu etc

IMPERATIVE	CONDITIONAL	
	PRESENT	PAST
prévois	je prévoirais	j'aurais prévu
prévoyons	tu prévoirais	tu aurais prévu
prévoyez	il prévoirait	il aurait prévu
	nous prévoirions	nous aurions prévu
	vous prévoiriez	vous auriez prévu
	ils prévoiraient	ils auraient prévu

SUBJUNCTIVE		
PRESENT	IMPERFECT	PERFECT
je prévoie	je prévisse	j'aie prévu
tu prévoies	tu prévisses	tu aies prévu
il prévoie	il prévît	il ait prévu
nous prévoyions	nous prévissions	nous ayons prévu
vous prévoyiez	vous prévissiez	vous ayez prévu
ils prévoient	ils prévissent	ils aient prévu

INFINITIVE	PARTICIPLE
PRESENT	PRESENT
prévoir	prévoyant
PAST	PAST
avoir prévu	prévu

PROMETTRE
to promise

PRESENT

je promets
tu promets
il promet
nous promettons
vous promettez
ils promettent

IMPERFECT

je promettais
tu promettais
il promettait
nous promettions
vous promettiez
ils promettaient

FUTURE

je promettrai
tu promettras
il promettra
nous promettrons
vous promettrez
ils promettront

PAST HISTORIC

je promis
tu promis
il promit
nous promîmes
vous promîtes
ils promirent

PERFECT

j'ai promis
tu as promis
il a promis
nous avons promis
vous avez promis
ils ont promis

PLUPERFECT

j'avais promis
tu avais promis
il avait promis
nous avions promis
vous aviez promis
ils avaient promis

PAST ANTERIOR

j'eus promis etc

FUTURE PERFECT

j'aurai promis etc

IMPERATIVE

promets
promettons
promettez

CONDITIONAL

PRESENT

je promettrais
tu promettrais
il promettrait
nous promettrions
vous promettriez
ils promettraient

PAST

j'aurais promis
tu aurais promis
il aurait promis
nous aurions promis
vous auriez promis
ils auraient promis

SUBJUNCTIVE

PRESENT

je promette
tu promettes
il promette
nous promettions
vous promettiez
ils promettent

IMPERFECT

je promisse
tu promisses
il promît
nous promissions
vous promissiez
ils promissent

PERFECT

j'aie promis
tu aies promis
il ait promis
nous ayons promis
vous ayez promis
ils aient promis

INFINITIVE

PRESENT

promettre

PAST

avoir promis

PARTICIPLE

PRESENT

promettant

PAST

promis

PROMOUVOIR
to promote

PRESENT	IMPERFECT	FUTURE

PAST HISTORIC	PERFECT	PLUPERFECT
	j'ai promu	j'avais promu
	tu as promu	tu avais promu
	il a promu	il avait promu
	nous avons promu	nous avions promu
	vous avez promu	vous aviez promu
	ils ont promu	ils avaient promu

PAST ANTERIOR	FUTURE PERFECT
j'eus promu etc	j'aurai promu etc

IMPERATIVE	*CONDITIONAL*	
	PRESENT	PAST
		j'aurais promu
		tu aurais promu
		il aurait promu
		nous aurions promu
		vous auriez promu
		ils auraient promu

SUBJUNCTIVE		
PRESENT	IMPERFECT	PERFECT
		j'aie promu
		tu aies promu
		il ait promu
		nous ayons promu
		vous ayez promu
		ils aient promu

INFINITIVE	*PARTICIPLE*
PRESENT	PRESENT
promouvoir	promouvant
PAST	PAST
avoir promu	promu

163 PROTEGER
to protect

PRESENT	IMPERFECT	FUTURE
je protège	je protégeais	je protégerai
tu protèges	tu protégeais	tu protégeras
il protège	il protégeait	il protégera
nous protégeons	nous protégions	nous protégerons
vous protégez	vous protégiez	vous protégerez
ils protègent	ils protégeaient	ils protégeront

PAST HISTORIC	PERFECT	PLUPERFECT
je protégeai	j'ai protégé	j'avais protégé
tu protégeas	tu as protégé	tu avais protégé
il protégea	il a protégé	il avait protégé
nous protégeâmes	nous avons protégé	nous avions protégé
vous protégeâtes	vous avez protégé	vous aviez protégé
ils protégèrent	ils ont protégé	ils avaient protégé

PAST ANTERIOR	FUTURE PERFECT
j'eus protégé etc	j'aurai protégé etc

IMPERATIVE	CONDITIONAL	
	PRESENT	PAST
protège	je protégerais	j'aurais protégé
protégeons	tu protégerais	tu aurais protégé
protégez	il protégerait	il aurait protégé
	nous protégerions	nous aurions protégé
	vous protégeriez	vous auriez protégé
	ils protégeraient	ils auraient protégé

SUBJUNCTIVE

PRESENT	IMPERFECT	PERFECT
je protège	je protégeasse	j'aie protégé
tu protèges	tu protégeasses	tu aies protégé
il protège	il protégeât	il ait protégé
nous protégions	nous protégeassions	nous ayons protégé
vous protégiez	vous protégeassiez	vous ayez protégé
ils protègent	ils protégeassent	ils aient protégé

INFINITIVE	PARTICIPLE
PRESENT	PRESENT
protéger	protégeant
PAST	PAST
avoir protégé	protégé

PUER
to stink

PRESENT	IMPERFECT	FUTURE
je pue	je puais	je puerai
tu pues	tu puais	tu pueras
il pue	il puait	il puera
nous puons	nous puions	nous puerons
vous puez	vous puiez	vous puerez
ils puent	ils puaient	ils pueront

PAST HISTORIC	PERFECT	PLUPERFECT
	j'ai pué	j'avais pué
	tu as pué	tu avais pué
	il a pué	il avait pué
	nous avons pué	nous avions pué
	vous avez pué	vous aviez pué
	ils ont pué	ils avaient pué

PAST ANTERIOR	FUTURE PERFECT
j'eus pué etc	j'aurai pué etc

IMPERATIVE	CONDITIONAL	
	PRESENT	PAST
	je puerais	j'aurais pué
	tu puerais	tu aurais pué
	il puerait	il aurait pué
	nous puerions	nous aurions pué
	vous pueriez	vous auriez pué
	ils pueraient	ils auraient pué

SUBJUNCTIVE

PRESENT	IMPERFECT	PERFECT
je pue		j'aie pué
tu pues		tu aies pué
il pue		il ait pué
nous puions		nous ayons pué
vous puiez		vous ayez pué
ils puent		ils aient pué

INFINITIVE	PARTICIPLE
PRESENT	PRESENT
puer	puant
PAST	PAST
avoir pué	pué

RAPIÉCER
to mend

PRESENT	IMPERFECT	FUTURE
je rapièce	je rapiéçais	je rapiécerai
tu rapièces	tu rapiéçais	tu rapiéceras
il rapièce	il rapiéçait	il rapiécera
nous rapiéçons	nous rapiécions	nous rapiécerons
vous rapiécez	vous rapiéciez	vous rapiécerez
ils rapiècent	ils rapiéçaient	ils rapiéceront

PAST HISTORIC	PERFECT	PLUPERFECT
je rapiéçai	j'ai rapiécé	j'avais rapiécé
tu rapiéças	tu as rapiécé	tu avais rapiécé
il rapiéça	il a rapiécé	il avait rapiécé
nous rapiéçâmes	nous avons rapiécé	nous avions rapiécé
vous rapiéçâtes	vous avez rapiécé	vous aviez rapiécé
ils rapiécèrent	ils ont rapiécé	ils avaient rapiécé

PAST ANTERIOR	FUTURE PERFECT
j'eus rapiécé etc	j'aurai rapiécé etc

IMPERATIVE	CONDITIONAL	
	PRESENT	PAST
rapièce	je rapiécerais	j'aurais rapiécé
rapiéçons	tu rapiécerais	tu aurais rapiécé
rapiécez	il rapiécerait	il aurait rapiécé
	nous rapiécerions	nous aurions rapiécé
	vous rapiéceriez	vous auriez rapiécé
	ils rapiéceraient	ils auraient rapiécé

SUBJUNCTIVE

PRESENT	IMPERFECT	PERFECT
je rapièce	je rapiéçasse	j'aie rapiécé
tu rapièces	tu rapiéçasses	tu aies rapiécé
il rapièce	il rapiéçât	il ait rapiécé
nous rapiécions	nous rapiéçassions	nous ayons rapiécé
vous rapiéciez	vous rapiéçassiez	vous ayez rapiécé
ils rapiècent	ils rapiéçassent	ils aient rapiécé

INFINITIVE	PARTICIPLE
PRESENT	PRESENT
rapiécer	rapiéçant
PAST	PAST
avoir rapiécé	rapiécé

RECEVOIR
to receive

PRESENT	IMPERFECT	FUTURE
je reçois	je recevais	je recevrai
tu reçois	tu recevais	tu recevras
il reçoit	il recevait	il recevra
nous recevons	nous recevions	nous recevrons
vous recevez	vous receviez	vous recevrez
ils reçoivent	ils recevaient	ils recevront

PAST HISTORIC	PERFECT	PLUPERFECT
je reçus	j'ai reçu	j'avais reçu
tu reçus	tu as reçu	tu avais reçu
il reçut	il a reçu	il avait reçu
nous reçûmes	nous avons reçu	nous avions reçu
vous reçûtes	vous avez reçu	vous aviez reçu
ils reçurent	ils ont reçu	ils avaient reçu

PAST ANTERIOR	FUTURE PERFECT
j'eus reçu etc	j'aurai reçu etc

IMPERATIVE	CONDITIONAL	
	PRESENT	PAST
reçois	je recevrais	j'aurais reçu
recevons	tu recevrais	tu aurais reçu
recevez	il recevrait	il aurait reçu
	nous recevrions	nous aurions reçu
	vous recevriez	vous auriez reçu
	ils recevraient	ils auraient reçu

SUBJUNCTIVE

PRESENT	IMPERFECT	PERFECT
je reçoive	je reçusse	j'aie reçu
tu reçoives	tu reçusses	tu aies reçu
il reçoive	il reçût	il ait reçu
nous recevions	nous reçussions	nous ayons reçu
vous receviez	vous reçussiez	vous ayez reçu
ils reçoivent	ils reçussent	ils aient reçu

INFINITIVE	PARTICIPLE
PRESENT	PRESENT
recevoir	recevant
PAST	PAST
avoir reçu	reçu

REFRENER
to repress

PRESENT	IMPERFECT	FUTURE
je réfrène	je réfrénais	je réfrénerai
tu réfrènes	tu réfrénais	tu réfréneras
il réfrène	il réfrénait	il réfrénera
nous réfrénons	nous réfrénions	nous réfrénerons
vous réfrénez	vous réfréniez	vous réfrénerez
ils réfrènent	ils réfrénaient	ils réfréneront

PAST HISTORIC	PERFECT	PLUPERFECT
je réfrénai	j'ai réfréné	j'avais réfréné
tu réfrénas	tu as réfréné	tu avais réfréné
il réfréna	il a réfréné	il avait réfréné
nous réfrénâmes	nous avons réfréné	nous avions réfréné
vous réfrénâtes	vous avez réfréné	vous aviez réfréné
ils réfrénèrent	ils ont réfréné	ils avaient réfréné

PAST ANTERIOR	FUTURE PERFECT
j'eus réfréné etc	j'aurai réfréné etc

IMPERATIVE	CONDITIONAL	
	PRESENT	PAST
réfrène	je réfrénerais	j'aurais réfréné
réfrénons	tu réfrénerais	tu aurais réfréné
réfrénez	il réfrénerait	il aurait réfréné
	nous réfrénerions	nous aurions réfréné
	vous réfréneriez	vous auriez réfréné
	ils réfréneraient	ils auraient réfréné

SUBJUNCTIVE		
PRESENT	IMPERFECT	PERFECT
je réfrène	je réfrénasse	j'aie réfréné
tu réfrènes	tu réfrénasses	tu aies réfréné
il réfrène	il réfrénât	il ait réfréné
nous réfrénions	nous réfrénassions	nous ayons réfréné
vous réfréniez	vous réfrénassiez	vous ayez réfréné
ils réfrènent	ils réfrénassent	ils aient réfréné

INFINITIVE	PARTICIPLE
PRESENT	PRESENT
réfréner	réfrénant
PAST	PAST
avoir réfréné	réfréné

REGLER
to adjust

PRESENT	IMPERFECT	FUTURE
je règle	je réglais	je réglerai
tu règles	tu réglais	tu régleras
il règle	il réglait	il réglera
nous réglons	nous réglions	nous réglerons
vous réglez	vous régliez	vous réglerez
ils règlent	ils réglaient	ils régleront

PAST HISTORIC	PERFECT	PLUPERFECT
je réglai	j'ai réglé	j'avais réglé
tu réglas	tu as réglé	tu avais réglé
il régla	il a réglé	il avait réglé
nous réglâmes	nous avons réglé	nous avions réglé
vous réglâtes	vous avez réglé	vous aviez réglé
ils réglèrent	ils ont réglé	ils avaient réglé

PAST ANTERIOR	FUTURE PERFECT
j'eus réglé etc	j'aurai réglé etc

IMPERATIVE	CONDITIONAL	
	PRESENT	PAST
règle	je réglerais	j'aurais réglé
réglons	tu réglerais	tu aurais réglé
réglez	il réglerait	il aurait réglé
	nous réglerions	nous aurions réglé
	vous régleriez	vous auriez réglé
	ils régleraient	ils auraient réglé

SUBJUNCTIVE

PRESENT	IMPERFECT	PERFECT
je règle	je réglasse	j'aie réglé
tu règles	tu réglasses	tu aies réglé
il règle	il réglât	il ait réglé
nous réglions	nous réglassions	nous ayons réglé
vous régliez	vous réglassiez	vous ayez réglé
ils règlent	ils réglassent	ils aient réglé

INFINITIVE	PARTICIPLE
PRESENT	PRESENT
régler	réglant
PAST	PAST
avoir réglé	réglé

REGNER
to reign

PRESENT	IMPERFECT	FUTURE
je règne	je régnais	je régnerai
tu règnes	tu régnais	tu régneras
il règne	il régnait	il régnera
nous régnons	nous régnions	nous régnerons
vous régnez	vous régniez	vous régnerez
ils règnent	ils régnaient	ils régneront

PAST HISTORIC	PERFECT	PLUPERFECT
je régnai	j'ai régné	j'avais régné
tu régnas	tu as régné	tu avais régné
il régna	il a régné	il avait régné
nous régnâmes	nous avons régné	nous avions régné
vous régnâtes	vous avez régné	vous aviez régné
ils régnèrent	ils ont régné	ils avaient régné

PAST ANTERIOR	FUTURE PERFECT
j'eus régné etc	j'aurai régné etc

IMPERATIVE	CONDITIONAL	
	PRESENT	PAST
règne	je régnerais	j'aurais régné
régnons	tu régnerais	tu aurais régné
régnez	il régnerait	il aurait régné
	nous régnerions	nous aurions régné
	vous régneriez	vous auriez régné
	ils régneraient	ils auraient régné

SUBJUNCTIVE

PRESENT	IMPERFECT	PERFECT
je règne	je régnasse	j'aie régné
tu règnes	tu régnasses	tu aies régné
il règne	il régnât	il ait régné
nous régnions	nous régnassions	nous ayons régné
vous régniez	vous régnassiez	vous ayez régné
ils règnent	ils régnassent	ils aient régné

INFINITIVE	PARTICIPLE
PRESENT	PRESENT
régner	régnant
PAST	PAST
avoir régné	régné

RENAITRE
to be revived

PRESENT	IMPERFECT	FUTURE
je renais	je renaissais	je renaîtrai
tu renais	tu renaissais	tu renaîtras
il renaît	il renaissait	il renaîtra
nous renaissons	nous renaissions	nous renaîtrons
vous renaissez	vous renaissiez	vous renaîtrez
ils renaissent	ils renaissaient	ils renaîtront

PAST HISTORIC	PERFECT	PLUPERFECT
je renaquis		
tu renaquis		
il renaquit		
nous renaquîmes		
vous renaquîtes		
ils renaquirent		

PAST ANTERIOR	FUTURE PERFECT

IMPERATIVE	*CONDITIONAL*	
	PRESENT	**PAST**
renais	je renaîtrais	
renaissons	tu renaîtrais	
renaissez	il renaîtrait	
	nous renaîtrions	
	vous renaîtriez	
	ils renaîtraient	

SUBJUNCTIVE

PRESENT	IMPERFECT	PERFECT
je renaisse	je renaquisse	
tu renaisses	tu renaquisses	
il renaisse	il renaquît	
nous renaissions	nous renaquissions	
vous renaissiez	vous renaquissiez	
ils renaissent	ils renaquissent	

INFINITIVE	*PARTICIPLE*
PRESENT	**PRESENT**
renaître	renaissant
PAST	**PAST**

RENDRE
to give back

PRESENT	IMPERFECT	FUTURE
je rends	je rendais	je rendrai
tu rends	tu rendais	tu rendras
il rend	il rendait	il rendra
nous rendons	nous rendions	nous rendrons
vous rendez	vous rendiez	vous rendrez
ils rendent	ils rendaient	ils rendront

PAST HISTORIC	PERFECT	PLUPERFECT
je rendis	j'ai rendu	j'avais rendu
tu rendis	tu as rendu	tu avais rendu
il rendit	il a rendu	il avait rendu
nous rendîmes	nous avons rendu	nous avions rendu
vous rendîtes	vous avez rendu	vous aviez rendu
ils rendirent	ils ont rendu	ils avaient rendu

PAST ANTERIOR	FUTURE PERFECT
j'eus rendu etc	j'aurai rendu etc

IMPERATIVE	CONDITIONAL	
	PRESENT	PAST
rends	je rendrais	j'aurais rendu
rendons	tu rendrais	tu aurais rendu
rendez	il rendrait	il aurait rendu
	nous rendrions	nous aurions rendu
	vous rendriez	vous auriez rendu
	ils rendraient	ils auraient rendu

SUBJUNCTIVE		
PRESENT	IMPERFECT	PERFECT
je rende	je rendisse	j'aie rendu
tu rendes	tu rendisses	tu aies rendu
il rende	il rendît	il ait rendu
nous rendions	nous rendissions	nous ayons rendu
vous rendiez	vous rendissiez	vous ayez rendu
ils rendent	ils rendissent	ils aient rendu

INFINITIVE	PARTICIPLE
PRESENT	PRESENT
rendre	rendant
PAST	PAST
avoir rendu	rendu

RENTRER
to go home, to go in

PRESENT	IMPERFECT	FUTURE
je rentre	je rentrais	je rentrerai
tu rentres	tu rentrais	tu rentreras
il rentre	il rentrait	il rentrera
nous rentrons	nous rentrions	nous rentrerons
vous rentrez	vous rentriez	vous rentrerez
ils rentrent	ils rentraient	ils rentreront

PAST HISTORIC	PERFECT	PLUPERFECT
je rentrai	je suis rentré	j'étais rentré
tu rentras	tu es rentré	tu étais rentré
il rentra	il est rentré	il était rentré
nous rentrâmes	nous sommes rentrés	nous étions rentrés
vous rentrâtes	vous êtes rentré(s)	vous étiez rentré(s)
ils rentrèrent	ils sont rentrés	ils étaient rentrés

PAST ANTERIOR	FUTURE PERFECT
je fus rentré etc	je serai rentré etc

IMPERATIVE	CONDITIONAL	
	PRESENT	PAST
rentre	je rentrerais	je serais rentré
rentrons	tu rentrerais	tu serais rentré
rentrez	il rentrerait	il serait rentré
	nous rentrerions	nous serions rentrés
	vous rentreriez	vous seriez rentré(s)
	ils rentreraient	ils seraient rentrés

SUBJUNCTIVE

PRESENT	IMPERFECT	PERFECT
je rentre	je rentrasse	je sois rentré
tu rentres	tu rentrasses	tu sois rentré
il rentre	il rentrât	il soit rentré
nous rentrions	nous rentrassions	nous soyons rentrés
vous rentriez	vous rentrassiez	vous soyez rentré(s)
ils rentrent	ils rentrassent	ils soient rentrés

INFINITIVE	PARTICIPLE	NOTE
PRESENT	PRESENT	auxiliary avoir when transitive
rentrer	rentrant	
PAST	PAST	
être rentré	rentré	

REPANDRE
to spread

PRESENT	IMPERFECT	FUTURE
je répands	je répandais	je répandrai
tu répands	tu répandais	tu répandras
il répand	il répandait	il répandra
nous répandons	nous répandions	nous répandrons
vous répandez	vous répandiez	vous répandrez
ils répandent	ils répandaient	ils répandront

PAST HISTORIC	PERFECT	PLUPERFECT
je répandis	j'ai répandu	j'avais répandu
tu répandis	tu as répandu	tu avais répandu
il répandit	il a répandu	il avait répandu
nous répandîmes	nous avons répandu	nous avions répandu
vous répandîtes	vous avez répandu	vous aviez répandu
ils répandirent	ils ont répandu	ils avaient répandu

PAST ANTERIOR	FUTURE PERFECT
j'eus répandu etc	j'aurai répandu etc

IMPERATIVE	CONDITIONAL	
	PRESENT	PAST
répands	je répandrais	j'aurais répandu
répandons	tu répandrais	tu aurais répandu
répandez	il répandrait	il aurait répandu
	nous répandrions	nous aurions répandu
	vous répandriez	vous auriez répandu
	ils répandraient	ils auraient répandu

SUBJUNCTIVE		
PRESENT	IMPERFECT	PERFECT
je répande	je répandisse	j'aie répandu
tu répandes	tu répandisses	tu aies répandu
il répande	il répandît	il ait répandu
nous répandions	nous répandissions	nous ayons répandu
vous répandiez	vous répandissiez	vous ayez répandu
ils répandent	ils répandissent	ils aient répandu

INFINITIVE	PARTICIPLE
PRESENT	PRESENT
répandre	répandant
PAST	PAST
avoir répandu	répandu

REPONDRE
to answer

PRESENT	**IMPERFECT**	**FUTURE**
je réponds	je répondais	je répondrai
tu réponds	tu répondais	tu répondras
il répond	il répondait	il répondra
nous répondons	nous répondions	nous répondrons
vous répondez	vous répondiez	vous répondrez
ils répondent	ils répondaient	ils répondront

PAST HISTORIC	**PERFECT**	**PLUPERFECT**
je répondis	j'ai répondu	j'avais répondu
tu répondis	tu as répondu	tu avais répondu
il répondit	il a répondu	il avait répondu
nous répondîmes	nous avons répondu	nous avions répondu
vous répondîtes	vous avez répondu	vous aviez répondu
ils répondirent	ils ont répondu	ils avaient répondu

PAST ANTERIOR	**FUTURE PERFECT**
j'eus répondu etc	j'aurai répondu etc

IMPERATIVE	*CONDITIONAL*	
	PRESENT	**PAST**
réponds	je répondrais	j'aurais répondu
répondons	tu répondrais	tu aurais répondu
répondez	il répondrait	il aurait répondu
	nous répondrions	nous aurions répondu
	vous répondriez	vous auriez répondu
	ils répondraient	ils auraient répondu

SUBJUNCTIVE		
PRESENT	**IMPERFECT**	**PERFECT**
je réponde	je répondisse	j'aie répondu
tu répondes	tu répondisses	tu aies répondu
il réponde	il répondît	il ait répondu
nous répondions	nous répondissions	nous ayons répondu
vous répondiez	vous répondissiez	vous ayez répondu
ils répondent	ils répondissent	ils aient répondu

INFINITIVE	*PARTICIPLE*
PRESENT	**PRESENT**
répondre	répondant
PAST	**PAST**
avoir répondu	répondu

175

RESOUDRE
to solve

PRESENT	IMPERFECT	FUTURE
je résous	je résolvais	je résoudrai
tu résous	tu résolvais	tu résoudras
il résout	il résolvait	il résoudra
nous résolvons	nous résolvions	nous résoudrons
vous résolvez	vous résolviez	vous résoudrez
ils résolvent	ils résolvaient	ils résoudront

PAST HISTORIC	PERFECT	PLUPERFECT
je résolus	j'ai résolu	j'avais résolu
tu résolus	tu as résolu	tu avais résolu
il résolut	il a résolu	il avait résolu
nous résolûmes	nous avons résolu	nous avions résolu
vous résolûtes	vous avez résolu	vous aviez résolu
ils résolurent	ils ont résolu	ils avaient résolu

PAST ANTERIOR	FUTURE PERFECT
j'eus résolu etc	j'aurai résolu etc

IMPERATIVE	CONDITIONAL	
	PRESENT	PAST
résous	je résoudrais	j'aurais résolu
résolvons	tu résoudrais	tu aurais résolu
résolvez	il résoudrait	il aurait résolu
	nous résoudrions	nous aurions résolu
	vous résoudriez	vous auriez résolu
	ils résoudraient	ils auraient résolu

SUBJUNCTIVE

PRESENT	IMPERFECT	PERFECT
je résolve	je résolusse	j'aie résolu
tu résolves	tu résolusses	tu aies résolu
il résolve	il résolût	il ait résolu
nous résolvions	nous résolussions	nous ayons résolu
vous résolviez	vous résolussiez	vous ayez résolu
ils résolvent	ils résolussent	ils aient résolu

INFINITIVE	PARTICIPLE
PRESENT	PRESENT
résoudre	résolvant
PAST	PAST
avoir résolu	résolu

to stay

PRESENT	IMPERFECT	FUTURE
je reste	je restais	je resterai
tu restes	tu restais	tu resteras
il reste	il restait	il restera
nous restons	nous restions	nous resterons
vous restez	vous restiez	vous resterez
ils restent	ils restaient	ils resteront

PAST HISTORIC	PERFECT	PLUPERFECT
je restai	je suis resté	j'étais resté
tu restas	tu es resté	tu étais resté
il resta	il est resté	il était resté
nous restâmes	nous sommes restés	nous étions restés
vous restâtes	vous êtes resté(s)	vous étiez resté(s)
ils restèrent	ils sont restés	ils étaient restés

PAST ANTERIOR	FUTURE PERFECT
je fus resté etc	je serai resté etc

IMPERATIVE	CONDITIONAL	
	PRESENT	PAST
reste	je resterais	je serais resté
restons	tu resterais	tu serais resté
restez	il resterait	il serait resté
	nous resterions	nous serions restés
	vous resteriez	vous seriez resté(s)
	ils resteraient	ils seraient restés

SUBJUNCTIVE

PRESENT	IMPERFECT	PERFECT
je reste	je restasse	je sois resté
tu restes	tu restasses	tu sois resté
il reste	il restât	il soit resté
nous restions	nous restassions	nous soyons restés
vous restiez	vous restassiez	vous soyez resté(s)
ils restent	ils restassent	ils soient restés

INFINITIVE	PARTICIPLE
PRESENT	PRESENT
rester	restant
PAST	PAST
être resté	resté

RETOURNER
to return

PRESENT	IMPERFECT	FUTURE
je retourne	je retournais	je retournerai
tu retournes	tu retournais	tu retourneras
il retourne	il retournait	il retournera
nous retournons	nous retournions	nous retournerons
vous retournez	vous retourniez	vous retournerez
ils retournent	ils retournaient	ils retourneront

PAST HISTORIC	PERFECT	PLUPERFECT
je retournai	je suis retourné	j'étais retourné
tu retournas	tu es retourné	tu étais retourné
il retourna	il est retourné	il était retourné
nous retournâmes	nous sommes retournés	nous étions retournés
vous retournâtes	vous êtes retourné(s)	vous étiez retourné(s)
ils retournèrent	ils sont retournés	ils étaient retournés

PAST ANTERIOR	FUTURE PERFECT
je fus retourné etc	je serai retourné etc

IMPERATIVE	CONDITIONAL	
	PRESENT	PAST
retourne	je retournerais	je serais retourné
retournons	tu retournerais	tu serais retourné
retournez	il retournerait	il serait retourné
	nous retournerions	nous serions retournés
	vous retourneriez	vous seriez retourné(s)
	ils retourneraient	ils seraient retournés

SUBJUNCTIVE

PRESENT	IMPERFECT	PERFECT
je retourne	je retournasse	je sois retourné
tu retournes	tu retournasses	tu sois retourné
il retourne	il retournât	il soit retourné
nous retournions	nous retournassions	nous soyons retournés
vous retourniez	vous retournassiez	vous soyez retourné(s)
ils retournent	ils retournassent	ils soient retournés

INFINITIVE	PARTICIPLE	NOTE
PRESENT	PRESENT	*auxiliary* avoir *when*
retourner	retournant	*transitive*
PAST	PAST	
être retourné	retourné	

to reveal

PRESENT	IMPERFECT	FUTURE
je révèle	je révélais	je révélerai
tu révèles	tu révélais	tu révéleras
il révèle	il révélait	il révélera
nous révélons	nous révélions	nous révélerons
vous révélez	vous révéliez	vous révélerez
ils révèlent	ils révélaient	ils révéleront

PAST HISTORIC	PERFECT	PLUPERFECT
je révélai	j'ai révélé	j'avais révélé
tu révélas	tu as révélé	tu avais révélé
il révéla	il a révélé	il avait révélé
nous révélâmes	nous avons révélé	nous avions révélé
vous révélâtes	vous avez révélé	vous aviez révélé
ils révélèrent	ils ont révélé	ils avaient révélé

PAST ANTERIOR	FUTURE PERFECT
j'eus révélé etc	j'aurai révélé etc

IMPERATIVE	CONDITIONAL	
	PRESENT	PAST
révèle	je révélerais	j'aurais révélé
révélons	tu révélerais	tu aurais révélé
révélez	il révélerait	il aurait révélé
	nous révélerions	nous aurions révélé
	vous révéleriez	vous auriez révélé
	ils révéleraient	ils auraient révélé

SUBJUNCTIVE

PRESENT	IMPERFECT	PERFECT
je révèle	je révélasse	j'aie révélé
tu révèles	tu révélasses	tu aies révélé
il révèle	il révélât	il ait révélé
nous révélions	nous révélassions	nous ayons révélé
vous révéliez	vous révélassiez	vous ayez révélé
ils révèlent	ils révélassent	ils aient révélé

INFINITIVE	PARTICIPLE
PRESENT	PRESENT
révéler	révélant
PAST	PAST
avoir révélé	révélé

REVENIR
to come back

PRESENT	IMPERFECT	FUTURE
je reviens	je revenais	je reviendrai
tu reviens	tu revenais	tu reviendras
il revient	il revenait	il reviendra
nous revenons	nous revenions	nous reviendrons
vous revenez	vous reveniez	vous reviendrez
ils reviennent	ils revenaient	ils reviendront

PAST HISTORIC	PERFECT	PLUPERFECT
je revins	je suis revenu	j'étais revenu
tu revins	tu es revenu	tu étais revenu
il revint	il est revenu	il était revenu
nous revînmes	nous sommes revenus	nous étions revenus
vous revîntes	vous êtes revenu(s)	vous étiez revenu(s)
ils revinrent	ils sont revenus	ils étaient revenus

PAST ANTERIOR	FUTURE PERFECT
je fus revenu etc	je serai revenu etc

IMPERATIVE	CONDITIONAL	
	PRESENT	PAST
reviens	je reviendrais	je serais revenu
revenons	tu reviendrais	tu serais revenu
revenez	il reviendrait	il serait revenu
	nous reviendrions	nous serions revenus
	vous reviendriez	vous seriez revenu(s)
	ils reviendraient	ils seraient revenus

SUBJUNCTIVE

PRESENT	IMPERFECT	PERFECT
je revienne	je revinsse	je sois revenu
tu reviennes	tu revinsses	tu sois revenu
il revienne	il revînt	il soit revenu
nous revenions	nous revinssions	nous soyons revenus
vous reveniez	vous revinssiez	vous soyez revenu(s)
ils reviennent	ils revinssent	ils soient revenus

INFINITIVE	PARTICIPLE
PRESENT	PRESENT
revenir	revenant
PAST	PAST
être revenu	revenu

RIRE
to laugh

PRESENT	**IMPERFECT**	**FUTURE**
je ris	je riais	je rirai
tu ris	tu riais	tu riras
il rit	il riait	il rira
nous rions	nous riions	nous rirons
vous riez	vous riiez	vous rirez
ils rient	ils riaient	ils riront

PAST HISTORIC	**PERFECT**	**PLUPERFECT**
je ris	j'ai ri	j'avais ri
tu ris	tu as ri	tu avais ri
il rit	il a ri	il avait ri
nous rîmes	nous avons ri	nous avions ri
vous rîtes	vous avez ri	vous aviez ri
ils rirent	ils ont ri	ils avaient ri

PAST ANTERIOR	**FUTURE PERFECT**
j'eus ri etc	j'aurai ri etc

IMPERATIVE	*CONDITIONAL*	
	PRESENT	**PAST**
ris	je rirais	j'aurais ri
rions	tu rirais	tu aurais ri
riez	il rirait	il aurait ri
	nous ririons	nous aurions ri
	vous ririez	vous auriez ri
	ils riraient	ils auraient ri

SUBJUNCTIVE		
PRESENT	**IMPERFECT**	**PERFECT**
je rie	je risse	j'aie ri
tu ries	tu risses	tu aies ri
il rie	il rît	il ait ri
nous riions	nous rissions	nous ayons ri
vous riiez	vous rissiez	vous ayez ri
ils rient	ils rissent	ils aient ri

INFINITIVE	*PARTICIPLE*
PRESENT	**PRESENT**
rire	riant
PAST	**PAST**
avoir ri	ri

ROMPRE
to break

PRESENT	**IMPERFECT**	**FUTURE**
je romps	je rompais	je romprai
tu romps	tu rompais	tu rompras
il rompt	il rompait	il rompra
nous rompons	nous rompions	nous romprons
vous rompez	vous rompiez	vous romprez
ils rompent	ils rompaient	ils rompront

PAST HISTORIC	**PERFECT**	**PLUPERFECT**
je rompis	j'ai rompu	j'avais rompu
tu rompis	tu as rompu	tu avais rompu
il rompit	il a rompu	il avait rompu
nous rompîmes	nous avons rompu	nous avions rompu
vous rompîtes	vous avez rompu	vous aviez rompu
ils rompirent	ils ont rompu	ils avaient rompu

PAST ANTERIOR	**FUTURE PERFECT**
j'eus rompu etc	j'aurai rompu etc

IMPERATIVE	*CONDITIONAL*	
	PRESENT	**PAST**
romps	je romprais	j'aurais rompu
rompons	tu romprais	tu aurais rompu
rompez	il romprait	il aurait rompu
	nous romprions	nous aurions rompu
	vous rompriez	vous auriez rompu
	ils rompraient	ils auraient rompu

SUBJUNCTIVE

PRESENT	**IMPERFECT**	**PERFECT**
je rompe	je rompisse	j'aie rompu
tu rompes	tu rompisses	tu aies rompu
il rompe	il rompît	il ait rompu
nous rompions	nous rompissions	nous ayons rompu
vous rompiez	vous rompissiez	vous ayez rompu
ils rompent	ils rompissent	ils aient rompu

INFINITIVE	*PARTICIPLE*
PRESENT	**PRESENT**
rompre	rompant
PAST	**PAST**
avoir rompu	rompu

to stick out

PRESENT	IMPERFECT	FUTURE
il saille	il saillait	il saillera
ils saillent	ils saillaient	ils sailleront

PAST HISTORIC	PERFECT	PLUPERFECT
il saillit	il a sailli	il avait sailli
ils saillirent	ils ont sailli	ils avaient sailli

PAST ANTERIOR	FUTURE PERFECT
il eut sailli etc	il aura sailli etc

IMPERATIVE	CONDITIONAL	
	PRESENT	PAST
	il saillerait	il aurait sailli
	ils sailleraient	ils auraient sailli

SUBJUNCTIVE

PRESENT	IMPERFECT	PERFECT
il saille	il saillît	il ait sailli
ils saillent	ils saillissent	ils aient sailli

INFINITIVE	PARTICIPLE
PRESENT	PRESENT
saillir	saillant
PAST	PAST
avoir sailli	sailli

SAVOIR
to know

PRESENT	IMPERFECT	FUTURE
je sais	je savais	je saurai
tu sais	tu savais	tu sauras
il sait	il savait	il saura
nous savons	nous savions	nous saurons
vous savez	vous saviez	vous saurez
ils savent	ils savaient	ils sauront

PAST HISTORIC	PERFECT	PLUPERFECT
je sus	j'ai su	j'avais su
tu sus	tu as su	tu avais su
il sut	il a su	il avait su
nous sûmes	nous avons su	nous avions su
vous sûtes	vous avez su	vous aviez su
ils surent	ils ont su	ils avaient su

PAST ANTERIOR	FUTURE PERFECT
j'eus su etc	j'aurai su etc

IMPERATIVE	CONDITIONAL	
	PRESENT	PAST
sache	je saurais	j'aurais su
sachons	tu saurais	tu aurais su
sachez	il saurait	il aurait su
	nous saurions	nous aurions su
	vous sauriez	vous auriez su
	ils sauraient	ils auraient su

SUBJUNCTIVE

PRESENT	IMPERFECT	PERFECT
je sache	je susse	j'aie su
tu saches	tu susses	tu aies su
il sache	il sût	il ait su
nous sachions	nous sussions	nous ayons su
vous sachiez	vous sussiez	vous ayez su
ils sachent	ils sussent	ils aient su

INFINITIVE	PARTICIPLE
PRESENT	PRESENT
savoir	sachant
PAST	PAST
avoir su	su

to dry

PRESENT	IMPERFECT	FUTURE
je sèche	je séchais	je sécherai
tu sèches	tu séchais	tu sécheras
il sèche	il séchait	il séchera
nous séchons	nous séchions	nous sécherons
vous séchez	vous séchiez	vous sécherez
ils sèchent	ils séchaient	ils sécheront

PAST HISTORIC	PERFECT	PLUPERFECT
je séchai	j'ai séché	j'avais séché
tu séchas	tu as séché	tu avais séché
il sécha	il a séché	il avait séché
nous séchâmes	nous avons séché	nous avions séché
vous séchâtes	vous avez séché	vous aviez séché
ils séchèrent	ils ont séché	ils avaient séché

PAST ANTERIOR	FUTURE PERFECT
j'eus séché etc	j'aurai séché etc

IMPERATIVE	*CONDITIONAL*	
	PRESENT	PAST
sèche	je sécherais	j'aurais séché
séchons	tu sécherais	tu aurais séché
séchez	il sécherait	il aurait séché
	nous sécherions	nous aurions séché
	vous sécheriez	vous auriez séché
	ils sécheraient	ils auraient séché

SUBJUNCTIVE

PRESENT	IMPERFECT	PERFECT
je sèche	je séchasse	j'aie séché
tu sèches	tu séchasses	tu aies séché
il sèche	il séchât	il ait séché
nous séchions	nous séchassions	nous ayons séché
vous séchiez	vous séchassiez	vous ayez séché
ils sèchent	ils séchassent	ils aient séché

INFINITIVE	*PARTICIPLE*
PRESENT	PRESENT
sécher	séchant
PAST	PAST
avoir séché	séché

185 SEMER
to sow

PRESENT	IMPERFECT	FUTURE
je sème	je semais	je sèmerai
tu sèmes	tu semais	tu sèmeras
il sème	il semait	il sèmera
nous semons	nous semions	nous sèmerons
vous semez	vous semiez	vous sèmerez
ils sèment	ils semaient	ils sèmeront

PAST HISTORIC	PERFECT	PLUPERFECT
je semai	j'ai semé	j'avais semé
tu semas	tu as semé	tu avais semé
il sema	il a semé	il avait semé
nous semâmes	nous avons semé	nous avions semé
vous semâtes	vous avez semé	vous aviez semé
ils semèrent	ils ont semé	ils avaient semé

PAST ANTERIOR	FUTURE PERFECT
j'eus semé etc	j'aurai semé etc

IMPERATIVE	CONDITIONAL	
	PRESENT	PAST
sème	je sèmerais	j'aurais semé
semons	tu sèmerais	tu aurais semé
semez	il sèmerait	il aurait semé
	nous sèmerions	nous aurions semé
	vous sèmeriez	vous auriez semé
	ils sèmeraient	ils auraient semé

SUBJUNCTIVE

PRESENT	IMPERFECT	PERFECT
je sème	je semasse	j'aie semé
tu sèmes	tu semasses	tu aies semé
il sème	il semât	il ait semé
nous semions	nous semassions	nous ayons semé
vous semiez	vous semassiez	vous ayez semé
ils sèment	ils semassent	ils aient semé

INFINITIVE	PARTICIPLE
PRESENT	PRESENT
semer	semant
PAST	PAST
avoir semé	semé

SENTIR
to feel, to smell

186

PRESENT	IMPERFECT	FUTURE
je sens	je sentais	je sentirai
tu sens	tu sentais	tu sentiras
il sent	il sentait	il sentira
nous sentons	nous sentions	nous sentirons
vous sentez	vous sentiez	vous sentirez
ils sentent	ils sentaient	ils sentiront

PAST HISTORIC	PERFECT	PLUPERFECT
je sentis	j'ai senti	j'avais senti
tu sentis	tu as senti	tu avais senti
il sentit	il a senti	il avait senti
nous sentîmes	nous avons senti	nous avions senti
vous sentîtes	vous avez senti	vous aviez senti
ils sentirent	ils ont senti	ils avaient senti

PAST ANTERIOR	FUTURE PERFECT
j'eus senti etc	j'aurai senti etc

IMPERATIVE	CONDITIONAL	
	PRESENT	PAST
sens	je sentirais	j'aurais senti
sentons	tu sentirais	tu aurais senti
sentez	il sentirait	il aurait senti
	nous sentirions	nous aurions senti
	vous sentiriez	vous auriez senti
	ils sentiraient	ils auraient senti

SUBJUNCTIVE

PRESENT	IMPERFECT	PERFECT
je sente	je sentisse	j'aie senti
tu sentes	tu sentisses	tu aies senti
il sente	il sentît	il ait senti
nous sentions	nous sentissions	nous ayons senti
vous sentiez	vous sentissiez	vous ayez senti
ils sentent	ils sentissent	ils aient senti

INFINITIVE	PARTICIPLE
PRESENT	PRESENT
sentir	sentant
PAST	PAST
avoir senti	senti

SEOIR
to be becoming

PRESENT	IMPERFECT	FUTURE
il sied	il seyait	il siéra
ils siéent	ils seyaient	ils siéront

PAST HISTORIC	PERFECT	PLUPERFECT

PAST ANTERIOR	FUTURE PERFECT

IMPERATIVE	*CONDITIONAL*	
	PRESENT	PAST
	il siérait	
	ils siéraient	

SUBJUNCTIVE		
PRESENT	IMPERFECT	PERFECT
il siée		
ils siéent		

INFINITIVE	*PARTICIPLE*
PRESENT	PRESENT
seoir	seyant
PAST	PAST

PRESENT	IMPERFECT	FUTURE
je serre	je serrais	je serrerai
tu serres	tu serrais	tu serreras
il serre	il serrait	il serrera
nous serrons	nous serrions	nous serrerons
vous serrez	vous serriez	vous serrerez
ils serrent	ils serraient	ils serreront

PAST HISTORIC	PERFECT	PLUPERFECT
je serrai	j'ai serré	j'avais serré
tu serras	tu as serré	tu avais serré
il serra	il a serré	il avait serré
nous serrâmes	nous avons serré	nous avions serré
vous serrâtes	vous avez serré	vous aviez serré
ils serrèrent	ils ont serré	ils avaient serré

PAST ANTERIOR	FUTURE PERFECT
j'eus serré etc	j'aurai serré etc

IMPERATIVE	CONDITIONAL	
	PRESENT	PAST
serre	je serrerais	j'aurais serré
serrons	tu serrerais	tu aurais serré
serrez	il serrerait	il aurait serré
	nous serrerions	nous aurions serré
	vous serreriez	vous auriez serré
	ils serreraient	ils auraient serré

SUBJUNCTIVE		
PRESENT	IMPERFECT	PERFECT
je serre	je serrasse	j'aie serré
tu serres	tu serrasses	tu aies serré
il serre	il serrât	il ait serré
nous serrions	nous serrassions	nous ayons serré
vous serriez	vous serrassiez	vous ayez serré
ils serrent	ils serrassent	ils aient serré

INFINITIVE	PARTICIPLE
PRESENT	PRESENT
serrer	serrant
PAST	PAST
avoir serré	serré

189

SERVIR
to serve

PRESENT	IMPERFECT	FUTURE
je sers	je servais	je servirai
tu sers	tu servais	tu serviras
il sert	il servait	il servira
nous servons	nous servions	nous servirons
vous servez	vous serviez	vous servirez
ils servent	ils servaient	ils serviront

PAST HISTORIC	PERFECT	PLUPERFECT
je servis	j'ai servi	j'avais servi
tu servis	tu as servi	tu avais servi
il servit	il a servi	il avait servi
nous servîmes	nous avons servi	nous avions servi
vous servîtes	vous avez servi	vous aviez servi
ils servirent	ils ont servi	ils avaient servi

PAST ANTERIOR	FUTURE PERFECT
j'eus servi etc	j'aurai servi etc

IMPÉRATIVE	CONDITIONAL	
	PRESENT	PAST
sers	je servirais	j'aurais servi
servons	tu servirais	tu aurais servi
servez	il servirait	il aurait servi
	nous servirions	nous aurions servi
	vous serviriez	vous auriez servi
	ils serviraient	ils auraient servi

SUBJUNCTIVE

PRESENT	IMPERFECT	PERFECT
je serve	je servisse	j'aie servi
tu serves	tu servisses	tu aies servi
il serve	il servît	il ait servi
nous servions	nous servissions	nous ayons servi
vous serviez	vous servissiez	vous ayez servi
ils servent	ils servissent	ils aient servi

INFINITIVE	PARTICIPLE
PRESENT	PRESENT
servir	servant
PAST	PAST
avoir servi	servi

SEVRER
to wean

PRESENT	IMPERFECT	FUTURE
je sèvre	je sevrais	je sèvrerai
tu sèvres	tu sevrais	tu sèvreras
il sèvre	il sevrait	il sèvrera
nous sevrons	nous sevrions	nous sèvrerons
vous sevrez	vous sevriez	vous sèvrerez
ils sèvrent	ils sevraient	ils sèvreront

PAST HISTORIC	PERFECT	PLUPERFECT
je sevrai	j'ai sevré	j'avais sevré
tu sevras	tu as sevré	tu avais sevré
il sevra	il a sevré	il avait sevré
nous sevrâmes	nous avons sevré	nous avions sevré
vous sevrâtes	vous avez sevré	vous aviez sevré
ils sevrèrent	ils ont sevré	ils avaient sevré

PAST ANTERIOR	FUTURE PERFECT
j'eus sevré etc	j'aurai sevré etc

IMPERATIVE	CONDITIONAL	
	PRESENT	PAST
sèvre	je sèvrerais	j'aurais sevré
sevrons	tu sèvrerais	tu aurais sevré
sevrez	il sèvrerait	il aurait sevré
	nous sèvrerions	nous aurions sevré
	vous sèvreriez	vous auriez sevré
	ils sèvreraient	ils auraient sevré

SUBJUNCTIVE

PRESENT	IMPERFECT	PERFECT
je sèvre	je sevrasse	j'aie sevré
tu sèvres	tu sevrasses	tu aies sevré
il sèvre	il sevrât	il ait sevré
nous sevrions	nous sevrassions	nous ayons sevré
vous sevriez	vous sevrassiez	vous ayez sevré
ils sèvrent	ils sevrassent	ils aient sevré

INFINITIVE	PARTICIPLE
PRESENT	PRESENT
sevrer	sevrant
PAST	PAST
avoir sevré	sevré

191 SORTIR
to go out

PRESENT
je sors
tu sors
il sort
nous sortons
vous sortez
ils sortent

IMPERFECT
je sortais
tu sortais
il sortait
nous sortions
vous sortiez
ils sortaient

FUTURE
je sortirai
tu sortiras
il sortira
nous sortirons
vous sortirez
ils sortiront

PAST HISTORIC
je sortis
tu sortis
il sortit
nous sortîmes
vous sortîtes
ils sortirent

PERFECT
je suis sorti
tu es sorti
il est sorti
nous sommes sortis
vous êtes sorti(s)
ils sont sortis

PLUPERFECT
j'étais sorti
tu étais sorti
il était sorti
nous étions sortis
vous étiez sorti(s)
ils étaient sortis

PAST ANTERIOR
je fus sorti etc

FUTURE PERFECT
je serai sorti etc

IMPERATIVE
sors
sortons
sortez

CONDITIONAL
PRESENT
je sortirais
tu sortirais
il sortirait
nous sortirions
vous sortiriez
ils sortiraient

PAST
je serais sorti
tu serais sorti
il serait sorti
nous serions sortis
vous seriez sorti(s)
ils seraient sortis

SUBJUNCTIVE
PRESENT
je sorte
tu sortes
il sorte
nous sortions
vous sortiez
ils sortent

IMPERFECT
je sortisse
tu sortisses
il sortît
nous sortissions
vous sortissiez
ils sortissent

PERFECT
je sois sorti
tu sois sorti
il soit sorti
nous soyons sortis
vous soyez sorti(s)
ils soient sortis

INFINITIVE
PRESENT
sortir
PAST
être sorti

PARTICIPLE
PRESENT
sortant
PAST
sorti

SE SOUVENIR
to remember

192

PRESENT

je me souviens
tu te souviens
il se souvient
nous nous souvenons
vous vous souvenez
ils se souviennent

IMPERFECT

je me souvenais
tu te souvenais
il se souvenait
nous nous souvenions
vous vous souveniez
ils se souvenaient

FUTURE

je me souviendrai
tu te souviendras
il se souviendra
nous nous souviendrons
vous vous souviendrez
ils se souviendront

PAST HISTORIC

je me souvins
tu te souvins
il se souvint
nous nous souvînmes
vous vous souvîntes
ils se souvinrent

PERFECT

je me suis souvenu
tu t'es souvenu
il s'est souvenu
nous ns. sommes souvenus
vous vs. êtes souvenu(s)
ils se sont souvenus

PLUPERFECT

je m'étais souvenu
tu t'étais souvenu
il s'était souvenu
nous ns. étions souvenus
vous vs. étiez souvenu(s)
ils s'étaient souvenus

PAST ANTERIOR

je me fus souvenu etc

FUTURE PERFECT

je me serai souvenu etc

IMPERATIVE

souviens-toi
souvenons-nous
souvenez-vous

CONDITIONAL

PRESENT

je me souviendrais
tu te souviendrais
il se souviendrait
nous ns. souviendrions
vous vous souviendriez
ils se souviendraient

PAST

je me serais souvenu
tu te serais souvenu
il se serait souvenu
nous ns. serions souvenus
vous vs. seriez souvenu(s)
ils se seraient souvenus

SUBJUNCTIVE

PRESENT

je me souvienne
tu te souviennes
il se souvienne
nous nous souvenions
vous vous souveniez
ils se souviennent

IMPERFECT

je me souvinsse
tu te souvinsses
il se souvînt
nous nous souvinssions
vous vous souvinssiez
ils se souvinssent

PERFECT

je me sois souvenu
tu te sois souvenu
il se soit souvenu
nous ns. soyons souvenus
vous vs. soyez souvenu(s)
ils se soient souvenus

INFINITIVE

PRESENT

se souvenir

PAST

s'être souvenu

PARTICIPLE

PRESENT

se souvenant

PAST

souvenu

193 STUPEFAIRE
to astound

PRESENT	IMPERFECT	FUTURE
il stupéfait		

PAST HISTORIC	PERFECT	PLUPERFECT
	j'ai stupéfait	j'avais stupéfait
	tu as stupéfait	tu avais stupéfait
	il a stupéfait	il avait stupéfait
	nous avons stupéfait	nous avions stupéfait
	vous avez stupéfait	vous aviez stupéfait
	ils ont stupéfait	ils avaient stupéfait
PAST ANTERIOR	FUTURE PERFECT	
j'eus stupéfait etc	j'aurai stupéfait etc	

IMPERATIVE	CONDITIONAL	
	PRESENT	PAST
		j'aurais stupéfait
		tu aurais stupéfait
		il aurait stupéfait
		nous aurions stupéfait
		vous auriez stupéfait
		ils auraient stupéfait

SUBJUNCTIVE		
PRESENT	IMPERFECT	PERFECT
		j'aie stupéfait
		tu aies stupéfait
		il ait stupéfait
		nous ayons stupéfait
		vous ayez stupéfait
		ils aient stupéfait

INFINITIVE	PARTICIPLE	
PRESENT	PRESENT	
stupéfaire		
PAST	PAST	
avoir stupéfait	stupéfait	

SUFFIRE
to be sufficient

PRESENT	**IMPERFECT**	**FUTURE**
je suffis	je suffisais	je suffirai
tu suffis	tu suffisais	tu suffiras
il suffit	il suffisait	il suffira
nous suffisons	nous suffisions	nous suffirons
vous suffisez	vous suffisiez	vous suffirez
ils suffisent	ils suffisaient	ils suffiront

PAST HISTORIC	**PERFECT**	**PLUPERFECT**
je suffis	j'ai suffi	j'avais suffi
tu suffis	tu as suffi	tu avais suffi
il suffit	il a suffi	il avait suffi
nous suffîmes	nous avons suffi	nous avions suffi
vous suffîtes	vous avez suffi	vous aviez suffi
ils suffirent	ils ont suffi	ils avaient suffi

PAST ANTERIOR	**FUTURE PERFECT**
j'eus suffi etc	j'aurai suffi etc

IMPERATIVE	*CONDITIONAL*	
	PRESENT	**PAST**
suffis	je suffirais	j'aurais suffi
suffisons	tu suffirais	tu aurais suffi
suffisez	il suffirait	il aurait suffi
	nous suffirions	nous aurions suffi
	vous suffiriez	vous auriez suffi
	ils suffiraient	ils auraient suffi

SUBJUNCTIVE		
PRESENT	**IMPERFECT**	**PERFECT**
je suffise	je suffisse	j'aie suffi
tu suffises	tu suffisses	tu aies suffi
il suffise	il suffît	il ait suffi
nous suffisions	nous suffissions	nous ayons suffi
vous suffisiez	vous suffissiez	vous ayez suffi
ils suffisent	ils suffissent	ils aient suffi

INFINITIVE	*PARTICIPLE*	*NOTE*
PRESENT	**PRESENT**	circoncire: *past participle*
suffire	suffisant	circoncis
PAST	**PAST**	
avoir suffi	suffi	

SUIVRE
to follow

PRESENT	IMPERFECT	FUTURE
je suis	je suivais	je suivrai
tu suis	tu suivais	tu suivras
il suit	il suivait	il suivra
nous suivons	nous suivions	nous suivrons
vous suivez	vous suiviez	vous suivrez
ils suivent	ils suivaient	ils suivront

PAST HISTORIC	PERFECT	PLUPERFECT
je suivis	j'ai suivi	j'avais suivi
tu suivis	tu as suivi	tu avais suivi
il suivit	il a suivi	il avait suivi
nous suivîmes	nous avons suivi	nous avions suivi
vous suivîtes	vous avez suivi	vous aviez suivi
ils suivirent	ils ont suivi	ils avaient suivi

PAST ANTERIOR	FUTURE PERFECT
j'eus suivi etc	j'aurai suivi etc

IMPERATIVE	CONDITIONAL	
	PRESENT	PAST
suis	je suivrais	j'aurais suivi
suivons	tu suivrais	tu aurais suivi
suivez	il suivrait	il aurait suivi
	nous suivrions	nous aurions suivi
	vous suivriez	vous auriez suivi
	ils suivraient	ils auraient suivi

SUBJUNCTIVE		
PRESENT	IMPERFECT	PERFECT
je suive	je suivisse	j'aie suivi
tu suives	tu suivisses	tu aies suivi
il suive	il suivît	il ait suivi
nous suivions	nous suivissions	nous ayons suivi
vous suiviez	vous suivissiez	vous ayez suivi
ils suivent	ils suivissent	ils aient suivi

INFINITIVE	PARTICIPLE
PRESENT	PRESENT
suivre	suivant
PAST	PAST
avoir suivi	suivi

PRESENT

je sursois
tu sursois
il sursoit
nous sursoyons
vous sursoyez
ils sursoient

IMPERFECT

je sursoyais
tu sursoyais
il sursoyait
nous sursoyions
vous sursoyiez
ils sursoyaient

FUTURE

je surseoirai
tu surseoiras
il surseoira
nous surseoirons
vous surseoirez
ils surseoiront

PAST HISTORIC

je sursis
tu sursis
il sursit
nous sursîmes
vous sursîtes
ils sursirent

PERFECT

j'ai sursis
tu as sursis
il a sursis
nous avons sursis
vous avez sursis
ils ont sursis

PLUPERFECT

j'avais sursis
tu avais sursis
il avait sursis
nous avions sursis
vous aviez sursis
ils avaient sursis

PAST ANTERIOR

j'eus sursis etc

FUTURE PERFECT

j'aurai sursis etc

IMPERATIVE

sursois
sursoyons
sursoyez

CONDITIONAL

PRESENT

je surseoirais
tu surseoirais
il surseoirait
nous surseoirions
vous surseoiriez
ils surseoiraient

PAST

j'aurais sursis
tu aurais sursis
il aurait sursis
nous aurions sursis
vous auriez sursis
ils auraient sursis

SUBJUNCTIVE

PRESENT

je sursoie
tu sursoies
il sursoie
nous sursoyions
vous sursoyiez
ils sursoient

IMPERFECT

je sursisse
tu sursisses
il sursît
nous sursissions
vous sursissiez
ils sursissent

PERFECT

j'aie sursis
tu aies sursis
il ait sursis
nous ayons sursis
vous ayez sursis
ils aient sursis

INFINITIVE

PRESENT

surseoir

PAST

avoir sursis

PARTICIPLE

PRESENT

sursoyant

PAST

sursis

SE TAIRE
to keep quiet

PRESENT	IMPERFECT	FUTURE
je me tais	je me taisais	je me tairai
tu te tais	tu te taisais	tu te tairas
il se tait	il se taisait	il se taira
nous nous taisons	nous nous taisions	nous nous tairons
vous vous taisez	vous vous taisiez	vous vous tairez
ils se taisent	ils se taisaient	ils se tairont

PAST HISTORIC	PERFECT	PLUPERFECT
je me tus	je me suis tu	je m'étais tu
tu te tus	tu t'es tu	tu t'étais tu
il se tut	il s'est tu	il s'était tu
nous nous tûmes	nous nous sommes tus	nous nous étions tus
vous vous tûtes	vous vous êtes tu(s)	vous vous étiez tu(s)
ils se turent	ils se sont tus	ils s'étaient tus

PAST ANTERIOR	FUTURE PERFECT
je me fus tu etc	je me serai tu etc

IMPERATIVE	CONDITIONAL	
	PRESENT	PAST
tais-toi	je me tairais	je me serais tu
taisons-nous	tu te tairais	tu te serais tu
taisez-vous	il se tairait	il se serait tu
	nous nous tairions	nous nous serions tus
	vous vous tairiez	vous vous seriez tu(s)
	ils se tairaient	ils se seraient tus

SUBJUNCTIVE

PRESENT	IMPERFECT	PERFECT
je me taise	je me tusse	je me sois tu
tu te taises	tu te tusses	tu te sois tu
il se taise	il se tût	il se soit tu
nous nous taisions	nous nous tussions	nous nous soyons tus
vous vous taisiez	vous vous tussiez	vous vous soyez tu(s)
ils se taisent	ils se tussent	ils se soient tus

INFINITIVE	PARTICIPLE
PRESENT	PRESENT
se taire	se taisant
PAST	PAST
s'être tu	tu

PRESENT	**IMPERFECT**	**FUTURE**
je tiens	je tenais	je tiendrai
tu tiens	tu tenais	tu tiendras
il tient	il tenait	il tiendra
nous tenons	nous tenions	nous tiendrons
vous tenez	vous teniez	vous tiendrez
ils tiennent	ils tenaient	ils tiendront

PAST HISTORIC	**PERFECT**	**PLUPERFECT**
je tins	j'ai tenu	j'avais tenu
tu tins	tu as tenu	tu avais tenu
il tint	il a tenu	il avait tenu
nous tînmes	nous avons tenu	nous avions tenu
vous tîntes	vous avez tenu	vous aviez tenu
ils tinrent	ils ont tenu	ils avaient tenu

PAST ANTERIOR	**FUTURE PERFECT**
j'eus tenu etc	j'aurai tenu etc

IMPERATIVE	*CONDITIONAL*	
	PRESENT	**PAST**
tiens	je tiendrais	j'aurais tenu
tenons	tu tiendrais	tu aurais tenu
tenez	il tiendrait	il aurait tenu
	nous tiendrions	nous aurions tenu
	vous tiendriez	vous auriez tenu
	ils tiendraient	ils auraient tenu

SUBJUNCTIVE		
PRESENT	**IMPERFECT**	**PERFECT**
je tienne	je tinsse	j'aie tenu
tu tiennes	tu tinsses	tu aies tenu
il tienne	il tînt	il ait tenu
nous tenions	nous tinssions	nous ayons tenu
vous teniez	vous tinssiez	vous ayez tenu
ils tiennent	ils tinssent	ils aient tenu

INFINITIVE	*PARTICIPLE*
PRESENT	**PRESENT**
tenir	tenant
PAST	**PAST**
avoir tenu	tenu

199

TOMBER
to fall

PRESENT

je tombe
tu tombes
il tombe
nous tombons
vous tombez
ils tombent

IMPERFECT

je tombais
tu tombais
il tombait
nous tombions
vous tombiez
ils tombaient

FUTURE

je tomberai
tu tomberas
il tombera
nous tomberons
vous tomberez
ils tomberont

PAST HISTORIC

je tombai
tu tombas
il tomba
nous tombâmes
vous tombâtes
ils tombèrent

PERFECT

je suis tombé
tu es tombé
il est tombé
nous sommes tombés
vous êtes tombé(s)
ils sont tombés

PLUPERFECT

j'étais tombé
tu étais tombé
il était tombé
nous étions tombés
vous étiez tombé(s)
ils étaient tombés

PAST ANTERIOR

je fus tombé etc

FUTURE PERFECT

je serai tombé etc

IMPERATIVE

tombe
tombons
tombez

CONDITIONAL

PRESENT

je tomberais
tu tomberais
il tomberait
nous tomberions
vous tomberiez
ils tomberaient

PAST

je serais tombé
tu serais tombé
il serait tombé
nous serions tombés
vous seriez tombé(s)
ils seraient tombés

SUBJUNCTIVE
PRESENT

je tombe
tu tombes
il tombe
nous tombions
vous tombiez
ils tombent

IMPERFECT

je tombasse
tu tombasses
il tombât
nous tombassions
vous tombassiez
ils tombassent

PERFECT

je sois tombé
tu sois tombé
il soit tombé
nous soyons tombés
vous soyez tombé(s)
ils soient tombés

INFINITIVE
PRESENT

tomber

PAST

être tombé

PARTICIPLE
PRESENT

tombant

PAST

tombé

TRADUIRE
to translate

PRESENT	IMPERFECT	FUTURE
je traduis	je traduisais	je traduirai
tu traduis	tu traduisais	tu traduiras
il traduit	il traduisait	il traduira
nous traduisons	nous traduisions	nous traduirons
vous traduisez	vous traduisiez	vous traduirez
ils traduisent	ils traduisaient	ils traduiront

PAST HISTORIC	PERFECT	PLUPERFECT
je traduisis	j'ai traduit	j'avais traduit
tu traduisis	tu as traduit	tu avais traduit
il traduisit	il a traduit	il avait traduit
nous traduisîmes	nous avons traduit	nous avions traduit
vous traduisîtes	vous avez traduit	vous aviez traduit
ils traduisirent	ils ont traduit	ils avaient traduit

PAST ANTERIOR	FUTURE PERFECT
j'eus traduit etc	j'aurai traduit etc

IMPERATIVE	CONDITIONAL	
	PRESENT	PAST
traduis	je traduirais	j'aurais traduit
traduisons	tu traduirais	tu aurais traduit
traduisez	il traduirait	il aurait traduit
	nous traduirions	nous aurions traduit
	vous traduiriez	vous auriez traduit
	ils traduiraient	ils auraient traduit

SUBJUNCTIVE

PRESENT	IMPERFECT	PERFECT
je traduise	je traduisisse	j'aie traduit
tu traduises	tu traduisisses	tu aies traduit
il traduise	il traduisît	il soit traduit
nous traduisions	nous traduisissions	nous ayons traduit
vous traduisiez	vous traduisissiez	vous ayez traduit
ils traduisent	ils traduisissent	ils aient traduit

INFINITIVE	PARTICIPLE
PRESENT	PRESENT
traduire	traduisant
PAST	PAST
avoir traduit	traduit

TRAVAILLER
to work

PRESENT	IMPERFECT	FUTURE
je travaille	je travaillais	je travaillerai
tu travailles	tu travaillais	tu travailleras
il travaille	il travaillait	il travaillera
nous travaillons	nous travaillions	nous travaillerons
vous travaillez	vous travailliez	vous travaillerez
ils travaillent	ils travaillaient	ils travailleront

PAST HISTORIC	PERFECT	PLUPERFECT
je travaillai	j'ai travaillé	j'avais travaillé
tu travaillas	tu as travaillé	tu avais travaillé
il travailla	il a travaillé	il avait travaillé
nous travaillâmes	nous avons travaillé	nous avions travaillé
vous travaillâtes	vous avez travaillé	vous aviez travaillé
ils travaillèrent	ils ont travaillé	ils avaient travaillé

PAST ANTERIOR	FUTURE PERFECT
j'eus travaillé etc	j'aurai travaillé etc

IMPERATIVE	CONDITIONAL	
	PRESENT	PAST
travaille	je travaillerais	j'aurais travaillé
travaillons	tu travaillerais	tu aurais travaillé
travaillez	il travaillerait	il aurait travaillé
	nous travaillerions	nous aurions travaillé
	vous travailleriez	vous auriez travaillé
	ils travailleraient	ils auraient travaillé

SUBJUNCTIVE		
PRESENT	IMPERFECT	PERFECT
je travaille	je travaillasse	j'aie travaillé
tu travailles	tu travaillasses	tu aies travaillé
il travaille	il travaillât	il ait travaillé
nous travaillions	nous travaillassions	nous ayons travaillé
vous travailliez	vous travaillassiez	vous ayez travaillé
ils travaillent	ils travaillassent	ils aient travaillé

INFINITIVE	PARTICIPLE
PRESENT	PRESENT
travailler	travaillant
PAST	PAST
avoir travaillé	travaillé

TUER
to kill

PRESENT	**IMPERFECT**	**FUTURE**
je tue	je tuais	je tuerai
tu tues	tu tuais	tu tueras
il tue	il tuait	il tuera
nous tuons	nous tuions	nous tuerons
vous tuez	vous tuiez	vous tuerez
ils tuent	ils tuaient	ils tueront

PAST HISTORIC	**PERFECT**	**PLUPERFECT**
je tuai	j'ai tué	j'avais tué
tu tuas	tu as tué	tu avais tué
il tua	il a tué	il avait tué
nous tuâmes	nous avons tué	nous avions tué
vous tuâtes	vous avez tué	vous aviez tué
ils tuèrent	ils ont tué	ils avaient tué

PAST ANTERIOR	**FUTURE PERFECT**
j'eus tué etc	j'aurai tué etc

IMPERATIVE	*CONDITIONAL*	
	PRESENT	**PAST**
tue	je tuerais	j'aurais tué
tuons	tu tuerais	tu aurais tué
tuez	il tuerait	il aurait tué
	nous tuerions	nous aurions tué
	vous tueriez	vous auriez tué
	ils tueraient	ils auraient tué

SUBJUNCTIVE		
PRESENT	**IMPERFECT**	**PERFECT**
je tue	je tuasse	j'aie tué
tu tues	tu tuasses	tu aies tué
il tue	il tuât	il ait tué
nous tuions	nous tuassions	nous ayons tué
vous tuiez	vous tuassiez	vous ayez tué
ils tuent	ils tuassent	ils aient tué

INFINITIVE	*PARTICIPLE*
PRESENT	**PRESENT**
tuer	tuant
PAST	**PAST**
avoir tué	tué

VAINCRE
to defeat

PRESENT	IMPERFECT	FUTURE
je vaincs	je vainquais	je vaincrai
tu vaincs	tu vainquais	tu vaincras
il vainc	il vainquait	il vaincra
nous vainquons	nous vainquions	nous vaincrons
vous vainquez	vous vainquiez	vous vaincrez
ils vainquent	ils vainquaient	ils vaincront

PAST HISTORIC	PERFECT	PLUPERFECT
je vainquis	j'ai vaincu	j'avais vaincu
tu vainquis	tu as vaincu	tu avais vaincu
il vainquit	il a vaincu	il avait vaincu
nous vainquîmes	nous avons vaincu	nous avions vaincu
vous vainquîtes	vous avez vaincu	vous aviez vaincu
ils vainquirent	ils ont vaincu	ils avaient vaincu

PAST ANTERIOR	FUTURE PERFECT
j'eus vaincu etc	j'aurai vaincu etc

IMPERATIVE	CONDITIONAL	
	PRESENT	PAST
vaincs	je vaincrais	j'aurais vaincu
vainquons	tu vaincrais	tu aurais vaincu
vainquez	il vaincrait	il aurait vaincu
	nous vaincrions	nous aurions vaincu
	vous vaincriez	vous auriez vaincu
	ils vaincraient	ils auraient vaincu

SUBJUNCTIVE

PRESENT	IMPERFECT	PERFECT
je vainque	je vainquisse	j'aie vaincu
tu vainques	tu vainquisses	tu aies vaincu
il vainque	il vainquît	il ait vaincu
nous vainquions	nous vainquissions	nous ayons vaincu
vous vainquiez	vous vainquissiez	vous ayez vaincu
ils vainquent	ils vainquissent	ils aient vaincu

INFINITIVE	PARTICIPLE
PRESENT	PRESENT
vaincre	vainquant
PAST	PAST
avoir vaincu	vaincu

PRESENT	IMPERFECT	FUTURE
je vaux	je valais	je vaudrai
tu vaux	tu valais	tu vaudras
il vaut	il valait	il vaudra
nous valons	nous valions	nous vaudrons
vous valez	vous valiez	vous vaudrez
ils valent	ils valaient	ils vaudront

PAST HISTORIC	PERFECT	PLUPERFECT
je valus	j'ai valu	j'avais valu
tu valus	tu as valu	tu avais valu
il valut	il a valu	il avait valu
nous valûmes	nous avons valu	nous avions valu
vous valûtes	vous avez valu	vous aviez valu
ils valurent	ils ont valu	ils avaient valu

PAST ANTERIOR	FUTURE PERFECT
j'eus valu etc	j'aurai valu etc

IMPERATIVE	CONDITIONAL	
	PRESENT	PAST
vaux	je vaudrais	j'aurais valu
valons	tu vaudrais	tu aurais valu
valez	il vaudrait	il aurait valu
	nous vaudrions	nous aurions valu
	vous vaudriez	vous auriez valu
	ils vaudraient	ils auraient valu

SUBJUNCTIVE		
PRESENT	IMPERFECT	PERFECT
je vaille	je valusse	j'aie valu
tu vailles	tu valusses	tu aies valu
il vaille	il valût	il ait valu
nous valions	nous valussions	nous ayons valu
vous valiez	vous valussiez	vous ayez valu
ils vaillent	ils valussent	ils aient valu

INFINITIVE	PARTICIPLE
PRESENT	PRESENT
valoir	valant
PAST	PAST
avoir valu	valu

205 VENDRE
to sell

PRESENT	IMPERFECT	FUTURE
je vends	je vendais	je vendrai
tu vends	tu vendais	tu vendras
il vend	il vendait	il vendra
nous vendons	nous vendions	nous vendrons
vous vendez	vous vendiez	vous vendrez
ils vendent	ils vendaient	ils vendront

PAST HISTORIC	PERFECT	PLUPERFECT
je vendis	j'ai vendu	j'avais vendu
tu vendis	tu as vendu	tu avais vendu
il vendit	il a vendu	il avait vendu
nous vendîmes	nous avons vendu	nous avions vendu
vous vendîtes	vous avez vendu	vous aviez vendu
ils vendirent	ils ont vendu	ils avaient vendu

PAST ANTERIOR	FUTURE PERFECT
j'eus vendu etc	j'aurai vendu etc

IMPERATIVE	CONDITIONAL	
	PRESENT	PAST
vends	je vendrais	j'aurais vendu
vendons	tu vendrais	tu aurais vendu
vendez	il vendrait	il aurait vendu
	nous vendrions	nous aurions vendu
	vous vendriez	vous auriez vendu
	ils vendraient	ils auraient vendu

SUBJUNCTIVE

PRESENT	IMPERFECT	PERFECT
je vende	je vendisse	j'aie vendu
tu vendes	tu vendisses	tu aies vendu
il vende	il vendît	il ait vendu
nous vendions	nous vendissions	nous ayons vendu
vous vendiez	vous vendissiez	vous ayez vendu
ils vendent	ils vendissent	ils aient vendu

INFINITIVE	PARTICIPLE
PRESENT	PRESENT
vendre	vendant
PAST	PAST
avoir vendu	vendu

to come

PRESENT	IMPERFECT	FUTURE
je viens	je venais	je viendrai
tu viens	tu venais	tu viendras
il vient	il venait	il viendra
nous venons	nous venions	nous viendrons
vous venez	vous veniez	vous viendrez
ils viennent	ils venaient	ils viendront

PAST HISTORIC	PERFECT	PLUPERFECT
je vins	je suis venu	j'étais venu
tu vins	tu es venu	tu étais venu
il vint	il est venu	il était venu
nous vînmes	nous sommes venus	nous étions venus
vous vîntes	vous êtes venu(s)	vous étiez venu(s)
ils vinrent	ils sont venus	ils étaient venus

PAST ANTERIOR	FUTURE PERFECT
je fus venu etc	je serai venu etc

IMPERATIVE	CONDITIONAL	
	PRESENT	PAST
viens	je viendrais	je serais venu
venons	tu viendrais	tu serais venu
venez	il viendrait	il serait venu
	nous viendrions	nous serions venus
	vous viendriez	vous seriez venu(s)
	ils viendraient	ils seraient venus

SUBJUNCTIVE

PRESENT	IMPERFECT	PERFECT
je vienne	je vinsse	je sois venu
tu viennes	tu vinsses	tu sois venu
il vienne	il vînt	il soit venu
nous venions	nous vinssions	nous soyons venus
vous veniez	vous vinssiez	vous soyez venu(s)
ils viennent	ils vinssent	ils soient venus

INFINITIVE	PARTICIPLE
PRESENT	PRESENT
venir	venant
PAST	PAST
être venu	venu

VETIR
to dress

PRESENT	IMPERFECT	FUTURE
je vêts	je vêtais	je vêtirai
tu vêts	tu vêtais	tu vêtiras
il vêt	il vêtait	il vêtira
nous vêtons	nous vêtions	nous vêtirons
vous vêtez	vous vêtiez	vous vêtirez
ils vêtent	ils vêtaient	ils vêtiront

PAST HISTORIC	PERFECT	PLUPERFECT
je vêtis	j'ai vêtu	j'avais vêtu
tu vêtis	tu as vêtu	tu avais vêtu
il vêtit	il a vêtu	il avait vêtu
nous vêtîmes	nous avons vêtu	nous avions vêtu
vous vêtîtes	vous avez vêtu	vous aviez vêtu
ils vêtirent	ils ont vêtu	ils avaient vêtu

PAST ANTERIOR	FUTURE PERFECT
j'eus vêtu etc	j'aurai vêtu etc

IMPERATIVE	CONDITIONAL	
	PRESENT	PAST
vêts	je vêtirais	j'aurais vêtu
vêtons	tu vêtirais	tu aurais vêtu
vêtez	il vêtirait	il aurait vêtu
	nous vêtirions	nous aurions vêtu
	vous vêtiriez	vous auriez vêtu
	ils vêtiraient	ils auraient vêtu

SUBJUNCTIVE

PRESENT	IMPERFECT	PERFECT
je vête	je vêtisse	j'aie vêtu
tu vêtes	tu vêtisses	tu aies vêtu
il vête	il vêtît	il ait vêtu
nous vêtions	nous vêtissions	nous ayons vêtu
vous vêtiez	vous vêtissiez	vous ayez vêtu
ils vêtent	ils vêtissent	ils aient vêtu

INFINITIVE	PARTICIPLE
PRESENT	PRESENT
vêtir	vêtant
PAST	PAST
avoir vêtu	vêtu

PRESENT

je vis
tu vis
il vit
nous vivons
vous vivez
ils vivent

IMPERFECT

je vivais
tu vivais
il vivait
nous vivions
vous viviez
ils vivaient

FUTURE

je vivrai
tu vivras
il vivra
nous vivrons
vous vivrez
ils vivront

PAST HISTORIC

je vécus
tu vécus
il vécut
nous vécûmes
vous vécûtes
ils vécurent

PERFECT

j'ai vécu
tu as vécu
il a vécu
nous avons vécu
vous avez vécu
ils ont vécu

PLUPERFECT

j'avais vécu
tu avais vécu
il avait vécu
nous avions vécu
vous aviez vécu
ils avaient vécu

PAST ANTERIOR

j'eus vécu etc

FUTURE PERFECT

j'aurai vécu etc

IMPERATIVE

vis
vivons
vivez

CONDITIONAL

PRESENT

je vivrais
tu vivrais
il vivrait
nous vivrions
vous vivriez
ils vivraient

PAST

j'aurais vécu
tu aurais vécu
il aurait vécu
nous aurions vécu
vous auriez vécu
ils auraient vécu

SUBJUNCTIVE

PRESENT

je vive
tu vives
il vive
nous vivions
vous viviez
ils vivent

IMPERFECT

je vécusse
tu vécusses
il vécût
nous vécussions
vous vécussiez
ils vécussent

PERFECT

j'aie vécu
tu aies vécu
il ait vécu
nous ayons vécu
vous ayez vécu
ils aient vécu

INFINITIVE

PRESENT

vivre

PAST

avoir vécu

PARTICIPLE

PRESENT

vivant

PAST

vécu

VOIR
to see

PRESENT	IMPERFECT	FUTURE
je vois	je voyais	je verrai
tu vois	tu voyais	tu verras
il voit	il voyait	il verra
nous voyons	nous voyions	nous verrons
vous voyez	vous voyiez	vous verrez
ils voient	ils voyaient	ils verront

PAST HISTORIC	PERFECT	PLUPERFECT
je vis	j'ai vu	j'avais vu
tu vis	tu as vu	tu avais vu
il vit	il a vu	il avait vu
nous vîmes	nous avons vu	nous avions vu
vous vîtes	vous avez vu	vous aviez vu
ils virent	ils ont vu	ils avaient vu

PAST ANTERIOR	FUTURE PERFECT
j'eus vu etc	j'aurai vu etc

IMPERATIVE	CONDITIONAL	
	PRESENT	PAST
vois	je verrais	j'aurais vu
voyons	tu verrais	tu aurais vu
voyez	il verrait	il aurait vu
	nous verrions	nous aurions vu
	vous verriez	vous auriez vu
	ils verraient	ils auraient vu

SUBJUNCTIVE

PRESENT	IMPERFECT	PERFECT
je voie	je visse	j'aie vu
tu voies	tu visses	tu aies vu
il voie	il vît	il ait vu
nous voyions	nous vissions	nous ayons vu
vous voyiez	vous vissiez	vous ayez vu
ils voient	ils vissent	ils aient vu

INFINITIVE	PARTICIPLE
PRESENT	PRESENT
voir	voyant
PAST	PAST
avoir vu	vu

PRESENT	**IMPERFECT**	**FUTURE**
je veux	je voulais	je voudrai
tu veux	tu voulais	tu voudras
il veut	il voulait	il voudra
nous voulons	nous voulions	nous voudrons
vous voulez	vous vouliez	vous voudrez
ils veulent	ils voulaient	ils voudront

PAST HISTORIC	**PERFECT**	**PLUPERFECT**
je voulus	j'ai voulu	j'avais voulu
tu voulus	tu as voulu	tu avais voulu
il voulut	il a voulu	il avait voulu
nous voulûmes	nous avons voulu	nous avions voulu
vous voulûtes	vous avez voulu	vous aviez voulu
ils voulurent	ils ont voulu	ils avaient voulu

PAST ANTERIOR	**FUTURE PERFECT**	
j'eus voulu etc	j'aurai voulu etc	

IMPERATIVE	*CONDITIONAL*	
	PRESENT	**PAST**
veuille	je voudrais	j'aurais voulu
veuillons	tu voudrais	tu aurais voulu
veuillez	il voudrait	il aurait voulu
	nous voudrions	nous aurions voulu
	vous voudriez	vous auriez voulu
	ils voudraient	ils auraient voulu

SUBJUNCTIVE		
PRESENT	**IMPERFECT**	**PERFECT**
je veuille	je voulusse	j'aie voulu
tu veuilles	tu voulusses	tu aies voulu
il veuille	il voulût	il ait voulu
nous voulions	nous voulussions	nous ayons voulu
vous vouliez	vous voulussiez	vous ayez voulu
ils veuillent	ils voulussent	ils aient voulu

INFINITIVE	*PARTICIPLE*
PRESENT	**PRESENT**
vouloir	voulant
PAST	**PAST**
avoir voulu	voulu

ACCROIRE
to believe

INFINITIVE
PRESENT
accroire

APPAROIR
to appear

PRESENT
il appert

INFINITIVE
PRESENT
apparoir

OUIR
to hear

INFINITIVE
PRESENT
ouïr

PARTICIPLE
PAST
ouï

INDEX

The verbs given in full in the tables on the preceding pages are used as models for all other French verbs given in this index. The number in the index is that of the corresponding *verb table*.

Bold type denotes a verb that is given as a model itself.

A second number in brackets refers to a reflexive verb model or to the model for a verb starting with an 'h' (indicating whether it is aspirated or not).

An N in brackets refers to a footnote in the model verb table.

Reflexive verbs are listed alphabetically under the simple verb form and the reflexive pronoun (se or s') is given in brackets.

We have indicated in the footnotes the few cases where a verb does not have the same auxiliary as its model.

INDEX

INDEX

INDEX

INDEX

INDEX

INDEX

INDEX

INDEX

INDEX